LEBENSWISSEN aus dem Kloster

B E A TIS SI MO

pape theophilo · ieronim̄ · Memi
nit beatitudo tua · q̄d eo tempore quo ca
ebas nun̄q ab officiis meus sermo ces
sauerit · nec confidau q̄d tu p dispen
satione te faceres · s̄ed q̄d me facere
euenirē · Et nc supas dignationis
tuę eptis · fructu aliqṅ cepisse me
uideo euangelicę lectionis · Si enī
duri iudicis sentētia crebra muliens
flexit peticio · quantomagis patria uis
cera intpellatione sedula molliūt ·
qd de canonicis ecctasticis monitis
gras agunt · Quē enī diligit dn̄s corri
pit · et castigat omnē filiū quē recipit ·
Sed tam scio nobis nichil ēē antiquis
q̄ ipi uita seruare · nec patrū trans
ferre t̄minos · sepq̄ meminisse ro
mana fide aplico ore laudata · cui
tē ēē participē alexandrina eccta gla
· Sup nefariā heresī qd multa pa
tientia geris · et putas eccte uiribus
incubantes tua posse corrigi lenita
· multis sc̄is duplicet · nedū pau
ui penitentia pstolaris · nutrias
dacia pdttorū · et facti robusti
iat · Explicit epta ad theo
lu · Incipit epta beati ie
mi · ad eunde · LVIIII ·

E A TIS

Sup tuę beatitudinis scripta pcepi
emendatio ūe silentiū · ce me ad
solitū officiū puocauit · Vnde li
ce p sc̄os frs priuū et cubulū tuus
sermo cessauerit · tam quia uidimi
illos zelo fidei concitatos rapi pa
lestinę lustrasse regiones · et dispsos
regulos usq̄ ad suas litteras pecu
extitet · et in tuis uictoriis glerur ·
ereptuq̄ alexandrie uexillu · et ad
uersus heresim trophea fulgentia
gaudens poptor tua pspectas · Ma
cte uictus macte zelo fidei ostendi
sti · qd huc usq̄ tacitentur dispen
satio fuerit n̄ consensus · libere enī
reuerentie tuę loquor · dolebam te
nimiū ēē patientē · et ignorantes
magistri gubnacula · gestiebuū in
ununt pditum · S · ut uideo diu qcl
tisti manū · et suspendisti plaga ·
ut feriret fortiter · Sup suscepi
one cuida n̄ debes contra urbis
huī dolere pontificē · quia nichil
tuis litis pcepisti · et temerariū
fuit de eo qd nesciebat ferre sen
tentia · Tam reor · illū nec audere
nec uelle te in aliq̄ ledere · Explic
epta ad theophilu · Incipit epta
b theophilu · AD · iec · LX ·

DI

LECTISSIMO

et amantissimo frī ieronimo · theo
philus epc · Sc̄s epc agatho · cū di
lectissimo diacono athanasio in eccta
stica directē · causa · Quā cū didi
cerim · n̄ ambigo quin mrm studiū
pbes · et in eccte uictoriis geris ·
Nā ougenis heresim in monastis
nitriae quida nequā et simplices lm...

te huī pmii recepturus deceptos
usq̄ emendare sermonibus · Operaq̄
ti fieri potest in diebus mrīs · catholici
fide · et eccte regulari · cū subiectis
nobis poptis custode · et omis noue
sopire doctrina · Explicit epta b
theophili ad iec · Incipit epta
iec · ad theophilu · VII ·

E A TIS SI MO

pape theophilo · ieronim̄ · Duplici
mi gratiā beatitudinis tuę littere p
stitere · qd et sc̄os ac uenerabiles
agathone epm et diaconū athen
siū habuerint portitores · et aduer
sus sceleratissimi heresim zelū fidei
demonstrarunt · Vox beatitudinis
tuę in toto orbe psonarum · et cun
ctis xp̄i ecctiis legantibus · duboli
uenena siluerit · Nequiq̄ armaq̄
serpens sibilat · s · contoit et eude
ratius in cauernarū tenebris deli
tescent · sole claru ferre n̄ sustine·
Qui quidē sup hac re et intequi
scriberes · ad occidentē epctis miscei
ex parte hereticoi strophii meę
lingue hominibus indicans · & dispen
satione di fictu puto · ut eo intl
pore tu usq̄ ad papi antistiū scri
beres · et main dū ignoras sentē
am roborares · Veru a te nc com
nitu magis studiu accomodauit ·
ut et hic peul simplices ab erore
reuocent · nec timeanī odia subire
quozdā · Non enī debent homn
b placere s · dō · quiq̄ ardenti ab ilo
defendat heresil · quia a nobis op
pugnetr · Simulq̄ obsecro · ut sī
synodica habes · ad me dirigat quo
uellis enī pontificii aue horum...

arborqc sermone concelebrac · ro
nu et uoca miki tuis p xp̄m epis
likeri · Annitere q papi beatissime
et p omnē occasionē ad occidenta
les epos scribe · ut mala germina
acius ut ipse significaui succidere
fisse n̄ cessent · Explicit epta b iec
ad theophilū · Incipit epta b the
ophili · ad ieronimū · LXI ·

**MI
NO DILECTISSIMO**

et amantissimo frī ieronimo prb
theophilus epc · Didici qd et sc̄iā
tua nouerit theodoru monachū
clq̄ studiū cophauit · quia cū a noi
romā nauigaturus exiret · noluit
ante pficisci · n̄ te et sc̄os frs q̄ te
cū sunt in monastio quasi sua
cetia amplexiretur et inuiseret · Qui
cū suscepisp · p eccte tranquillitate
legare · Vidit enī cuncta nitrie mo
nustia · et referre potest continen
tiā et mansuetudinē monachoum
qm extinctis ac fugatis ougenis
sectatoribus · pax eccte reddita sit
et disciplina dn̄i conseruet · Nā
uniti apud uos q̄q̄ deponerent
hypocrisin · qui occulte dicuntur
subruere ueritatē · de quib n̄ ben
sentientes in his regionis frs · am
me scribere puocarunt · Quā un
re · cauere et effugere huiuscem
homines · et iuxta qd scriptū est
sids n̄ affert ad uos ecctasticā do
huic nec aue dixeritis · quiaq̄
supfluo faciā hec e scribe · q po
tū ab errore reuocare · Tam
nichil nocet · etiā prudentes
eruditos uiros...

Norbert Lechleitner

LEBENSWISSEN aus dem Kloster

THORBECKE

Inhalt

Kreuzgang der ehemaligen Abtei Montbenoît,
12. Jh., Doubs, Frankreich

VORHERIGE SEITE LINKS
Evangeliar mit reicher Buchmalerei aus
dem Kloster Cîteaux, um 1100.

GEGENÜBER DEM SCHMUTZTITEL
Kreuzgang der Abtei Fontenay in Burgund,
Frankreich

Die Welt ist nicht genug

»Sie gingen also wirklich in eine Klosterschule?«, fragte der Moderator mit spöttischem Lächeln. Er tat, als wundere er sich, dass sich sein Gesprächspartner trotzdem zu einer prominenten Persönlichkeit entwickeln konnte. Die Frage war wohl kalkuliert, denn die Mehrzahl der Zuschauer würde skeptisch grinsen: Wie konnte aus einer Schule, deren Geist den Tiefen des »dunklen Mittelalters« entsprang, überhaupt etwas Gutes kommen!

Wir Europäer haben verdrängt und vergessen, dass wir unsere Kultur und zahlreiche unserer gesellschaftlichen Strukturen im Ursprung diesen Klosterschulen und den lehrenden Mönchen und Nonnen zu verdanken haben.

Das Zeitalter der Glaubensspaltung, die Französische Revolution, Napoleons Feldzüge und die Säkularisation haben uns von diesen unseren Wurzeln gründlich getrennt. Suchte das ursprüngliche monastische Leben die Spannung zwischen Weltabkehr und Weltzuwendung in ein Gleichgewicht zu bringen, so hatten sich nach schrecklichen Kämpfen entschiedene Weltbejahung und diesseitiges Nützlichkeitsstreben durchgesetzt. Daran haben einige Orden mit selbstverschuldetem Niedergang ihren nicht unerheblichen Anteil. Mit großer Radikalität wurde vernichtet, was mit der Kultur der Klöster und Orden in Verbindung stand. Gerade so, als wollten die neue staatliche Obrigkeit und das selbstbewusste Bürgertum eine so eingeschätzte Beeinträchtigung ihres Stolzes und ihrer Selbstgewissheit abstreifen, wurden Klöster und Kirchen geplündert, gesprengt, abgerissen und Kulturgüter der Menschheit vernichtet. Seit der Säkularisation wurden mehr als tausend Jahre Kulturgeschichte gänzlich ausgeblendet. Erst allmählich dämmert es uns, dass nicht »lediglich« der Reichtum einer

Säulen mit Schmuckbändern und Blütenrankenverzierungen am Portal der Basilika Sacré-Cœur in Paray-le-Monial, Burgund, Frankreich.

Bevölkerungsgruppe zerschlagen wurde, sondern unser kulturelles Erbe vergessen gemacht werden sollte. Klöster wurden zu Gefängnissen, Fabriken und Lagerhallen umfunktioniert. Kreuzgänge wurden stückweise abgetragen und ihre behauenen Steine einzeln verkauft. Der Kreuzgang von Saint-Genies-lès-Fontaines machte einen Millionär in Philadephia um eine Attraktion reicher. Das kulturgeschichtlich bedeutende Kloster von Cluny wurde gesprengt. Aus den Trümmern ist manch neues Stadthaus errichtet worden. Die heutigen Bewohner zeigen den Reisenden voller Stolz die Ruinen einer berühmten Vergangenheit. Kinder und Jugendliche halten Klöster und Mönche für Sujets im Fantasy-Bereich.

Zweifellos hat uns die Aufklärung weiterhin zum Gebrauch unserer geistigen Freiheit angeregt und gefördert. Darum können wir heute auch über die Entwicklungen der Kultur- und Geistesgeschichte sehr differenziert nachdenken. Manche historische Tatsache wird unter neuen Blickwinkeln ganz anders verstanden. Es ist rückblickend einfach zu behaupten, dass Spätantike und Mittelalter nur dunkle Jahrhunderte voller Gemetzel, Schlachten, Seuchen, Pest und Cholera gewesen seien. Vom Standpunkt der Menschen damals, als es Begriffe wie Individuum, Person, Freiheit des Einzelnen und andere nach heutigem Verständnis noch gar nicht gab, sieht die Welt ganz anders aus. Selbstgerechtes Räsonieren über die große Zeit der Klöster verstellt nur den Blick auf den unermesslichen geistigen, kulturellen und gesellschaftlichen Reichtum, der uns von den Vätern des Abendlandes zugewachsen ist und von dem wir wie selbstverständlich profitieren. Mönche und Nonnen waren es, die während der gewaltigen, fast zweihundert Jahre andauernden Umwälzungen der Völkerwanderungszeit, der Kriege und Pestzeiten, die später folgten, das antike Erbe retteten. Aber das Wissen der Antike wird nicht nur bewahrt, sondern auch studiert, übersetzt und vervielfältigt. Unsere Geisteswissenschaften bauen auf diesen Leistungen auf. Und ebenso können sich zahlreiche Naturwissenschaften wie Botanik und Pharmazie, Mathematik, Metallurgie auf monastische Grundlagenarbeit stützen. Bedeutende Wissenschaftler unterschiedlichster Fachbereiche waren Ordensleute. Doch nicht nur als Schule des Geistes nahmen die Klöster Einfluss auf die Entwicklung der Gesellschaft. Ihre Lebensform gab der in der Antike verpönten Arbeit neuen Sinn. Ihre Lebens- und Organisationsregeln waren Nährboden für das Werden der Gesellschaft in den Zünften und Ständen und wirken bis heute fort. Die Orden waren die Erfinder der Zeit. Und die Väter der Disziplin. Nicht von ungefähr nannte der bedeutende Nationalökonom und Philosoph Max Weber den mittelalterlichen Mönch den ersten rational lebenden Menschen.

Nichts ist, das dich bewegt, du selber bist das Rad, das aus sich selbsten läuft und keine Ruhe hat

ANGELUS SILESIUS

Wer heute an die Pforte eines Klosters klopft, muss nicht unbedingt ein frommer Mensch sein, in der Regel ist er aber ein aufgeklärter Mensch. Ihm ist klar geworden, dass er ein Bedürfnis hat, für das er in seiner gewohnten Umgebung keine zufriedenstellende Antwort finden kann. Christentum, Kirche, Gottesdienst, Gemeinde hat mancher aufgeklärte Zeitgenosse bisher nicht gebraucht. Gewundert hat er sich schon, warum sich immer mehr Psychotherapeuten niederlassen, die psychosomatischen Kliniken überfüllt sind, Wunderheiler und Esoteriker Konjunktur

haben und ein Wellness-Tsunami alle Alltags-
sorgen hinwegschwemmen soll.

Der Buddhismus gefällt ihm zwar irgendwie,
scheint ihm aus seiner europäischen Sicht auch
nicht belastet zu sein, ist ihm im Eigentlichen aber
fremd geblieben. Doch wesentliche Aussagen –
du sollst Weltlichem nicht anhängen; sei achtsam
und mitfühlend und andere Gebote – kommen
ihm bekannt vor. Und als er über Meditation,
Regeln und Zucht im Kloster der Zen-Buddhisten nachdenkt, fällt ihm auf, dass einige Ideen
und Formen denen der christlichen Orden nicht
unähnlich sind. Armut, Entsagung, Gehorsam,
Brüderlichkeit sind christliche Ideale, die in den
westlichen Klöstern seit zweitausend Jahren
geübt werden.

Und dass jedem Menschen, der Rat und Hilfe
sucht, gleich welcher Religion, welchen Geschlechts, welcher Hautfarbe und sozialen Stellung, die Klosterpforte geöffnet wird, das hat ihn
sehr überrascht. Das hat er Benedikt von Nursia
zu verdanken, der diese Klosterregel vor mehr als
eintausendvierhundert Jahren aufgeschrieben hat,
und die seither immer Bestand hatte.

REGELN VERÄNDERN DIE WELT

*Der Mensch aber ist bestrebt, durch alle ihm
eigenen geordneten und rechtgerichteten
Tätigkeiten zur Schau der Wahrheit zu gelangen.*
THOMAS VON AQUIN

Wer als Suchender oder als kulturinteressierter
Reisender ein Kloster betritt, nähert sich einem
Ort, in dem die höchste Lebensaufgabe des Menschen ihren konkretesten Raum findet. Die Ordensmitglieder folgen der Aufforderung Christi,
die Matthäus aufgeschrieben hat: »Seid vollkommen, so wie auch euer Vater im Himmel vollkommen ist« (Mt 5,48).

Den Weg zu diesem Ziel haben viele Männer
und Frauen gesucht. Den Geist frei zu machen
für Gott, ihn durch Entsagung und Meditation
schon in diesem Leben zu finden, ist auch ein
fernöstliches Ideal. Nicht anders als Buddha
die Weltentsagung predigt, lehrt Antonius der
Große (252–356) die Eremiten in Ägypten:
»Wenn aber die ganze Erde dem Himmel nicht
gleichwertig ist, dann darf jemand, der auch nur
ein paar Quadratmeter hergibt, nicht prahlen oder
schon zufrieden sein; er gibt ja gewissermaßen
nichts auf, selbst wenn er auf ein Haus und eine
Menge Geld verzichtet (…). Darum soll niemand
von uns das Habenwollen vorziehen! Denn was
haben wir von einem Besitz, den wir nicht mitnehmen können? Warum sollten wir nicht lieber
nach jenem Besitz trachten, den wir mitnehmen
können, als da ist: Klugheit, Gerechtigkeit, Barmherzigkeit, Christusglauben, Duldsamkeit, Gast-
freundlichkeit? Erwerben wir solchen Besitz
[der Tugend, der uns nicht hilft, es gut zu haben,
sondern gut zu sein, A. d. V.], so werden wir
ihn auch dort finden, und der verschafft uns
Aufnahme in dem Lande, das die Sanftmütigen
besitzen.« Und weiter: »Das Reich Gottes ist in
euch‹ (Lk 17,21). Also kommt es bei der Tugend
allein auf unser Wollen an, da sie ja in uns ist und
durch uns existiert. Denn wenn die Seele ihrer
Natur nach das Vernünftige will, dann existiert
die Tugend.«

Der Mönch und Lehrer Johannes Cassianus
(ungefähr 360 bis etwa 435), dessen Werke zu
studieren auch Benedikt seinen Mitbrüdern
empfahl, nennt an erster Stelle von allen Gütern,
»dass man alles andere als geringschätzen und
verwerfen soll, um dieses Eine zu erlangen.«

*Wir wollen also eine Schule gründen, in der man
dem Herrn dient.*
BENEDIKT VON NURSIA

Die großen monastischen Lehrer des frühen Christentums – Pachomius, Basilius, Cassianus, Augustinus – hatten Erfahrungen mit dem Einsiedlertum. Führten Basilius und Augustinus die der Welt entsagenden Männer zunächst zu räumlichen Gemeinschaften zusammen, so entwickelte bereits Basilius ein Modell des Klosters, das »sein sollte wie die Kirche, wenn sie rein wäre«. Cassianus entwarf eine Theorie des Mönchstums und der monastischen Spiritualität, darin auch seine Empfehlungen für das Stundengebet. Augustinus kehrte nach seiner Taufe im Herbst des Jahres 388 in seine römische Heimatstadt Tagaste in Nordafrika zurück und errichtete mit Freunden die erste mönchische Gemeinschaft. Er sah bald, dass es ohne Regeln nicht ging. Seine generelle Regel des monastischen Zusammenlebens war mit Ergänzungen um 393 vollendet. Darin waren die klösterlichen Tageszeiten definiert und der Psalmengesang mit Kehrvers und in Wechselchören festgelegt.

Zu umfassender und für die Entwicklung Europas von kaum zu überschätzender Tragweite ist die Ordensregel des heiligen Benedikt von Nursia gelangt. Neben der Regel des heiligen Augustinus war die Regel, die Benedikt ursprünglich nur für seine Gemeinschaft im Kloster Monte Cassino geschrieben hatte, vom 8. bis ins 13. Jahrhundert die einzige abendländische Klosterregel.
Ein kurzer Prolog und 73 klare, relativ kurze Direktiven legen fest, was in seiner »Schule, um dem Herrn zu dienen« beachtet werden muss. Man kann die Regel als ein Beispiel für hervorragende Menschenkenntnis, Einfühlungsvermögen, Gruppenpsychologie und Führungskompetenz lesen. Ein Personalchef, Betriebspsychologe oder Unternehmer könnte sich von der Aktualität der Regeln inspirieren lassen. Benedikt sieht die Mitbrüder, wie sie sind. Er weiß um ihre Schwächen,

Stärken und möglichen Konflikte. Seine Regeln knechten nicht, sondern sie schaffen für alle die gleichen Bedingungen.

Was Benedikt über die Aufgabe des Abtes (aram.: *Abba,* Vater) sagt, gehört sicher zu den wichtigsten Worten, die je über Leitungs- und Regierungspflichten geschrieben wurden. Dies ist der längste Text der Regel, er wird in seiner Ausführlichkeit nur von dem Kapitel über die Demut übertroffen. Wir müssen verstehen, dass zu der Zeit, in der das Leben viel mehr als heute als eine Bewährungszeit angesehen wurde, die Mahnung an den Abt, dass er seinem Herrn Rechenschaft über sein Vorbild und seine Jünger abzulegen habe, als absolut konkret verstanden wurde, so wie es dem Hirten zur Last gelegt wird, wenn der Eigentümer zu wenig Nutzen an seinen Schafen findet.

Nach der Regel kann niemand Abt werden, indem er sich bei den Oberen beliebt macht oder weil er kraft Abstammung aus einer angesehenen oder mächtigen Familie ohnehin nur für Führungsaufgaben vorherbestimmt ist. In die Würde des Abtes wird man nicht von oben eingesetzt, sondern von der Klostergemeinschaft gewählt. Hier wurde in einer entscheidenden Frage bereits Demokratie geübt, als draußen in der Welt vor allem das Recht des Stärkeren galt. Die Einsetzung geschehe nach der Würde des Lebenswandels und der Weisheit der Lehre, »auch wenn der Betreffende in der Rangordnung der Letzte sein sollte«, heißt es in der vierundsechzigsten Regel. Auch das Alter ist für die Abtwahl nicht von Bedeutung, durchaus nirgends darf das Alter die Rangordnung bestimmen oder ein Vorrecht geben (Regel 63). Natürlich weiß Benedikt, »dass die menschliche Natur schon von selbst zu Mitleid neigt gegen die beiden Altersstufen der Greise und der Kinder« (Regel 37), und darum

Die Mönchsregel des heiligen Benedikt. Aus einem Codex in der Stiftsbibliothek des Klosters Einsiedeln, Schweiz, 9. Jh. (Beginn des zweiten Kapitels der Regel).

Abbas qui preeᷤᷤe dignuſ eᷤt monaſterio ſẽp
a̅r memini ᷤᷤe debᷓ quod dicitur.
& nomen maioriſ factiſ implere;
Xpi enim agere uiceſ in monaſterio creditᷓ
quando ipſiuſ uocatᷓ prenomine. di
cente apoſtolo; Accipiſtiſ ſpm adoptioniſ fi
liorum. in quodamamuſ abbaᵖᵃᵗᵉʳ. Ideo
que abbaſnihil extra precep tum d̅n̅i quodab
ſit debeat aut docere aut conſtituere uel iu
bere; Sed iuſſioeiuſ uel doctrina fᵃmᵉⁿᵗᵘ̃
diuine iuſtitiae. in diſcipulorum mᵉⁿᵗⁱbuſ
emor ſemper abbaſ qᵈ doceᵗ
nae ſuae uel diſcipulorum oboedientiae. utrarum
que rerum. in tremendo iudicio d̅b̅i. fa
ciendam diſcuſſio; Sciatque abbaſ culpe
paſtoriſ incumbere. quic quid in ouibuſ pa
terfamiliaſ. ut iatracuſ minuſ potuerit in

soll ihnen die nötige Achtung und Rücksicht entgegengebracht werden. Er schließt aber das Alter als Privileg bei der Abtwahl aus, um jeden Automatismus wie auch Fatalismus und Unruhe möglichst zu vermeiden, denn der gewählte Abt ist Abt auf Lebenszeit und ihm ist unbedingter Gehorsam zu leisten.

Der Abt muss seine Mönche durch eine doppelte Belehrung leiten, das heißt, er muss alles, was gut und heilig ist, mehr durch die Tat als durch Worte aufzeigen. Es gelte bei ihm kein Ansehen der Person im Kloster; er behandle alle gleich. Er wisse, dass von dem, dem mehr anvertraut ist, auch mehr verlangt wird. Er solle sich hüten, die ihm anvertrauten Seelen zu vernachlässigen oder geringzuschätzen, indem er mehr besorgt ist um vergängliche, irdische oder hinfällige Dinge. Er sei sich vielmehr ständig bewusst, welch mühevoller Aufgabe er sich verpflichtet habe, nämlich Seelen zu führen, und dass er sich der Eigenart und der Fassungskraft vieler anpassen müsse. Fehler und Sünden schneide er gleich an der Wurzel heraus. Bei Verständigen reiche vielleicht die zweimalige Ermahnung, die Bösen, Harten und Stolzen dagegen müssten streng bestraft werden. Ein anderer brauche Ermutigung und gutes Zureden. Indem er andere durch seine Mahnung zur Besserung führe, würde er selbst von Fehlern gebessert werden. Vor Neid und Eifersucht, vor einem Übermaß an Ehrgeiz und vor Bitterkeit hüte sich der Abt. Er sei sich ganz und gar bewusst, dass er nicht nur Rechenschaft über die ihm anvertrauten Seelen ablegen müsse, sondern auch über die eigene.

Benedikt kennt seine Mitbrüder, die auch nicht besser sind als alle anderen Menschen. Sie sind nicht frei vom »bösen Geist des Stolzes«, und besonders geweihte Priester müssen sich vor dem Hochmut hüten. Fremde Mönche können mit ihren unmäßigen Ansprüchen Unruhe ins Kloster tragen. Ganz ohne Illusionen über das menschliche Vermögen weist Benedikt immer wieder auf Gefahrenquellen hin, nicht, weil er von vornherein den Mönchen Fehlverhalten unterstellt, sondern weil sie in Gefahr geraten könnten.

Der Mensch ist nämlich gleichsam mitten zwischen Gott und das Irdische gestellt: denn mit seinem Geist hängt er an Gott, mit seinem Fleisch aber ist er dem Irdischen verbunden.

THOMAS VON AQUIN

Benedikt ist ein Realist. Und obgleich er die Schwächen und Grenzen der Menschen kennt, ist er davon überzeugt, dass der Mensch nicht ohne Hoffnung ist. Ihm geht es um Verständnis und Vorbild, um freiwillige Selbstverpflichtung und rigorose Gleichheit. Barmherzigkeit geht ihm vor Gericht. Im Problemfall handle der Abt wie ein Arzt, der Heilung auch zunächst durch Salben und Tinkturen suche und erst im schlimmeren Fall operieren und im schlimmsten Fall amputieren müsse. Und auch die Unverbesserlichen, die Ausgestoßenen und Exkommunizierten sieht Benedikt wie Kranke mit Liebe und Achtung an; denn »nicht die Gesunden bedürfen des Arztes, sondern die Kranken« (Mt 9,12). Ältere, erfahrene Brüder sollen den Wankenden unvermerkt stützen, damit er nicht durch übermäßige Traurigkeit zur Verzweiflung getrieben werde. Vielmehr »soll sich die Liebe an ihm bewähren« (Regel 27, 28). Wieviel Vorbildlichkeit für das soziale Verhalten im Umgang mit Außenseitern, Randgruppen, Schwachen und Kranken in unserer Zeit spricht aus diesen vor eintausendfünfhundert Jahren geschriebenen Verhaltensregeln, als ein unserem Verständnis von Menschenwürde vergleichbarer Begriff noch nicht existierte!

FOLGENDE DOPPELSEITE LINKS
Kreuzgang (hier der sogenannte »Lesegang« der Mönche) der ehemaligen Zisterzienserabtei St. Marien zur Pforte in Schulpforte bei Naumburg, sie war eine Niederlassung des Klosters Cîteaux in Burgund.

FOLGENDE DOPPELSEITE RECHTS
Bildnis eines Mönchs an einer Turm-Fiale des Münsters U. L. Frau in Freiburg im Breisgau.

Der heilige Benedikt übergibt seinen Brüdern die Ordensregel. Nach einer Handschrift des 12. Jh.

Selig der Mensch, der seinen Nächsten in seiner Unzulänglichkeit und seiner Schwäche genauso erträgt, wie er von ihm ertragen werden möchte, wenn er in ganz ähnlicher Lage wäre.
FRANZ VON ASSISI

In Benedikts Regelwerk ist kein Wort der Weltverachtung und Vorverurteilung zu finden, aber auch kein Wort der Überheblichkeit und des Eiferertums. Er hat kein »Handbuch für erfolgreiche Klostermanager« geschrieben und auch kein »Kursbuch für den schnellsten und einzig garantierten Weg zur Selbstheiligung«. Vielmehr gibt er in seinem Text immer wieder Hinweise darauf, wo sich aus Gewohnheit und Unachtsamkeit im täglichen Miteinander Gefahren einschleichen können, die von der Hinwendung zu Gott ablenken. Bei aller geforderten Disziplin ist sein Blick auf das alltägliche Klosterleben fast rücksichtsvoll zärtlich. So schreibt er im zweiundzwanzigsten Kapitel seiner Regel, dass beim Aufstehen die Brüder sich gegenseitig behutsam ermuntern sollen, damit die Schläfrigen keinen Grund zu Entschuldigungen haben. Ja, selbst für den Gang zur Latrine ist zwischen dem Nachtgottesdienst und dem unmittelbar folgenden Frühgottesdienst laut der achten Regel eine notwendige Pause einzuräumen. In allen Belangen des Zusammenlebens und der Gottsuche steht für Benedikt an oberster Stelle »die weise Maßhaltung«. Dieser »Mutter aller Tugenden« ahme der Abt nach und halte ständig die Balance, um zur inneren Ausgeglichenheit aller beizutragen. So achte er bei Strafen darauf, dass das schon geknickte Rohr nicht ganz zerbreche, und »das Gefäß, das er allzu sauber vom Roste reinigen will«, keinen Schaden nehme.

Das Zeitalter der Vernunft ist noch fern, doch ist die Regel des heiligen Benedikt ein Musterbeispiel für Einfühlungsvermögen, Vernunft und Augenmaß, um unterschiedlichen Charakteren, Talenten und Temperamenten das Zusammenleben an einem Ort und bis zum Tode zu ermöglichen, ohne dass sie zuschanden gehen, sondern »damit aus dieser Werkstatt«, die ein Kloster ist, etwas Gutes herauskommt. Wer den mühevollen und mitunter auch qualvollen Weg der Selbstentsagung zu gehen bereit ist – und Benedikt spricht nicht nur wortmalerisch vom Kriegsdienst – der vergisst alles, überwindet sogar den Willen des eigenen Herzens, um der Regel zu folgen. Um höchste Konzentration in jedem Augenblick, Achtsamkeit in allem seinem Tun, Denken, Fühlen, ganz präsent zu sein in jedem Augenblick, ganz gleich ob bei der Küchenarbeit, beim Schreiben oder beim liturgischen Gebet, bemühe sich der Mönch, damit Geist und Herz offen bleiben für sein Streben nach Gott. So bemerkt er auch seine Fehler und gibt sie zur Kenntnis. Vielleicht wird er für seine Nachlässigkeit, Unpünktlichkeit, Unbeherrschtheit tatsächlicher oder gedanklicher Art getadelt, von der Tischgemeinschaft bis zur besseren Einsicht ausgeschlossen oder härter bestraft, aber ihm steht die geistige Hilfe des Abtes oder erfahrener Mitbrüder zur Verfügung. Denn die Brüder müssen Frieden schaffen vor Sonnenuntergang. Selbstbeherrschung, Eigenkontrolle, vernunftgesteuerte Entscheidungen sind Verhaltensweisen, die vom aufgeklärten, gut erzogenen Menschen für das Zusammenleben in der modernen Gesellschaft erwartet werden. Dass die Benediktiner dieses Verhalten bereits vor anderthalbtausend Jahren einübten, lässt erahnen, dass dadurch zentrale Wesenszüge für das geistige und materielle Fundament des Abendlandes gefördert wurden. Auf diese Aspekte hat der französische Historiker Leo Moulin hingewiesen.

Wir können anhand der Regel des heiligen Benedikt ablesen, wie sich sein Verständnis von

Kapitelle im Kreuzgang der Abtei Saint Pierre in Moissac, um 1100, Tarn-et-Garonne, Frankreich.

Frömmigkeit, Tageseinteilung, das Verhältnis zur Arbeit ganz allgemein, sowohl zur körperlichen wie zur geistigen Arbeit, die er als gleichwertig ansah, zu Wahlen, zum zwischenmenschlichen Umgang heute in der europäischen Mentalität widerspiegelt. Wenn wir jemanden als seriös empfinden, so ist das als die säkularisierte Form einer monastischen Norm anzusehen, in der Ernst das Verhalten der Mönche prägte. Auch der Begriff *ordo* (lat., ursprünglich: die Reihenfolge; Regel) hat sich bei uns eingeprägt. Auf den fränkischen Synoden von 743 und 744 wurde die benediktinische Regel für alle Klöster des Frankenreichs verbindlich vorgeschrieben. Es wurde festgelegt, dass »der *ordo* der Mönche nach der heiligen Regel beständig verbleiben solle«. Leben nach der Regel hieß nun beständiges, geregelt ablaufendes und somit ordentliches Leben. Aus *ordo* wurde Ordnung und zugleich Orden.

WIE MAN MÖNCH WIRD

Monas bedeutet im Griechischen: Einzigartigkeit. Damit ist der nicht vergleichbare, moralisch hervorragende Mensch gemeint. Aus dem besonderen Alleinstehenden ist im Frühmittelalter der in klösterlicher Abgesondertheit lebende Mönch geworden.
Religio meint ursprünglich nicht das Einhalten der Zehn Gebote, sondern die geforderte Einhaltung der drei evangelischen Räte Armut, Keuschheit, Gehorsam, zu der alle Mönche und Nonnen durch ihre Gelübde verpflichtet sind. In den ersten Jahrhunderten waren die Mönche keine Priester, sondern Männer und Frauen, die sich der Nachfolge Christi verpflichtet hatten. Die *Religiosi* sind die Ordensleute, die dem entsagen, worauf auch gute Christen schwerlich verzichten mögen. Aber auch deswegen gewinnen die *Religiosi* Wertschätzung in der Welt.

Wer nicht entsagt, was er besitzt, kann mein Jünger nicht sein.
Lk 14,33

Der Mönch ist der gänzlich aus der Religion lebende Mensch. Der Augustinerchorherr Thomas von Kempen (1379–1471), möglicherweise auch der holländische Bußprediger Gerhart Groote (1340–1384), vom dem der Autor des Buches »Von der Nachfolge Christi« zumindest inspiriert ist, gibt im siebzehnten Kapitel die folgenden grundsätzlichen Ermahnungen für Kloster- und Ordensleute zu bedenken: »Noch in vielen Dingen musst du deinen Eigensinn brechen lernen, wenn du in Eintracht und Frieden mit anderen leben willst. Es ist nichts Kleines, in Klöstern oder anderen religiösen Gemeinschaften ohne Klage und Widerrede zu leben und darin bis in den Tod getreu auszuhalten. Wohl dem, der im Kloster heilig lebt und sein Leben selig endet. – Willst du im Guten festen Fuß gewinnen und immer vorwärts wandeln, so musst du dich stets als Fremdling, als Pilger auf Erden ansehen. Willst du ein klösterliches Leben führen, so musst du um Christi willen zum Toren werden. – Denn das Ordenskleid am Leibe, und ein geschorner Kopf, die tun's nicht. Aber Sinn und Wandel umgeändert und alle bösen Neigungen in sich ertötet haben, das macht den wahren Ordensmann. – Wer in Klöstern etwas anderes sucht als Gott allein und das Heil seiner Seele, der wird nichts finden als Plage und Schmerz. Es kann auch mit dem Frieden keinen Bestand haben, wenn du dich nicht mit der untersten Stelle begnügen und für den Geringsten kannst ansehen lassen. – Zu dienen bist du gekommen, nicht zu herrschen. Überleg es doch einmal: leiden und arbeiten ist dein Beruf, nicht Müßiggang und Plauderei. – Das Leben ist ein Glutofen, darin der Mensch wie das Gold im Feuer geprüft wird. Wer sich nicht aus Liebe zu Gott von ganzem

Abschied von der Welt: Tonsur eines Novizen. Nach einer Buchmalerei aus dem 12. Jh.

Herzen demütigen kann, der wird nicht lange darin aushalten.«

Wer ins Kloster eintritt, der tut es für immer. Die klösterliche Gemeinschaft ist eine Schule, die sich verpflichtet hat, in allem Tun und Lassen nur dem Herrn zu dienen. Das ist keine liebliche, fromme, blauäugige Dienstbarkeit, sondern täglich ertragene Härte. Darum muss der Novize sich dreifach prüfen, ob er den beschwerlichen Weg gehen will. Die benediktinische Regel schreibt im achtundfünfzigsten Kapitel vor, wie die Aufnahme in die Ordensgemeinschaft durchzuführen ist. Nachdem sich der Neuling zwei Monate im Kloster, zunächst im Besucher-, dann im Novizenbereich, aufgehalten hat, wird ihm die gesamte Regel des heiligen Benedikt vorgelesen. Er wird gefragt, ob er in diese Klostergemeinschaft eintreten will, andernfalls soll er das Kloster verlassen. Nach sechs Monaten erklärt der Novize nach Verlesung der gesamten Ordensregel auf seine Befragung hin, dass er die Regel verstanden habe und dass er wisse, wozu er sich verpflichten will.

Der Novizenmeister hat dem Neuling alle Herausforderungen, Anfechtungen, Härten und Schmerzen des Ordenslebens deutlich gemacht. Dem Eintrittswilligen ist längst klar, dass er auf Ehe und Eigentum gänzlich verzichten muss. Ihm wird nichts mehr gehören, nicht einmal ein Kleidungsstück, kein Buch und kein Schreibgerät, ja nicht einmal sein Leib. Die Basilius-Regel verbot es sogar, »mein« und »dein« zu sagen. Ohnehin hat der Novize vor dem Eintritt ins Kloster allen seinen Besitz den Armen gegeben, sich zumindest durch Übertragung an Verwandte oder ans Kloster ordentlich von allem Eigentum und jeglichem Erbanspruch befreit. Außerhalb der Klostermauern erwartet ihn nichts mehr.

Der Kirchenlehrer Franz von Sales (1567–1622) ist kein weltfremder Eremit, sondern von Haus aus ein angesehener Jurist. Sein damit verbundener Realismus zeigt sich in den folgenden Zeilen: »Sobald die Welt erfahren wird, dass du ein frommes Leben begonnen hast, wird sie nicht aufhören, durch Spott und Verleumdung dir weh zu tun. Die Boshafteren werden deine Umänderung übel deuten und sie für einen Kunstgriff der Heuchelei ausgeben. Sie werden sagen, dass nur Verdruss, den die Welt dir machte, dich getrieben habe, bei Gott Zuflucht zu suchen. Deine Freunde werden sich beeifern, dir, wie sie glauben, die weisesten und liebreichsten Vorstellungen über das traurige Wesen eines frommen Lebens, über den Verlust deines Ansehens vor der Welt, über die Erhaltung deiner Gesundheit zu geben. (...) Die Welt aber denkt immer nur Böses, und zwar von allen Menschen ohne Unterschied. Vermag sie unsere Handlungen nicht zu beschuldigen, so beschuldigt sie doch unsere Absichten. Die Schafe mögen Hörner haben oder nicht, schwarz sein oder weiß, der Wolf frisst sie dennoch, wenn er ihnen beikommen kann. Was immer wir tun mögen, die Welt wird uns dennoch nicht in Frieden lassen.«

Nach wiederum vier Monaten verspricht der Bereitwillige, dass er die Regel nach reiflicher Prüfung gewissenhaft befolgen will. Nachdem der Novize mit der Einhaltung der Regel lebenslange Armut, Keuschheit und den Verzicht auf Ehe sowie Gehorsam gelobt hat, wird über sein Gelöbnis eine Urkunde mit dem ihm nun zugesprochenen Namen eines Heiligen und dem des Abtes ausgestellt, die der Novize eigenhändig auf den Altar legt. Nach den Bittgebeten und der Demutsgeste der eigenen Niederwerfung vor die Füße eines jeden Ordensbruders mit der Bitte, für ihn zu beten, wird der Novize nun als vollständiges Mitglied der Gemeinschaft angesehen.

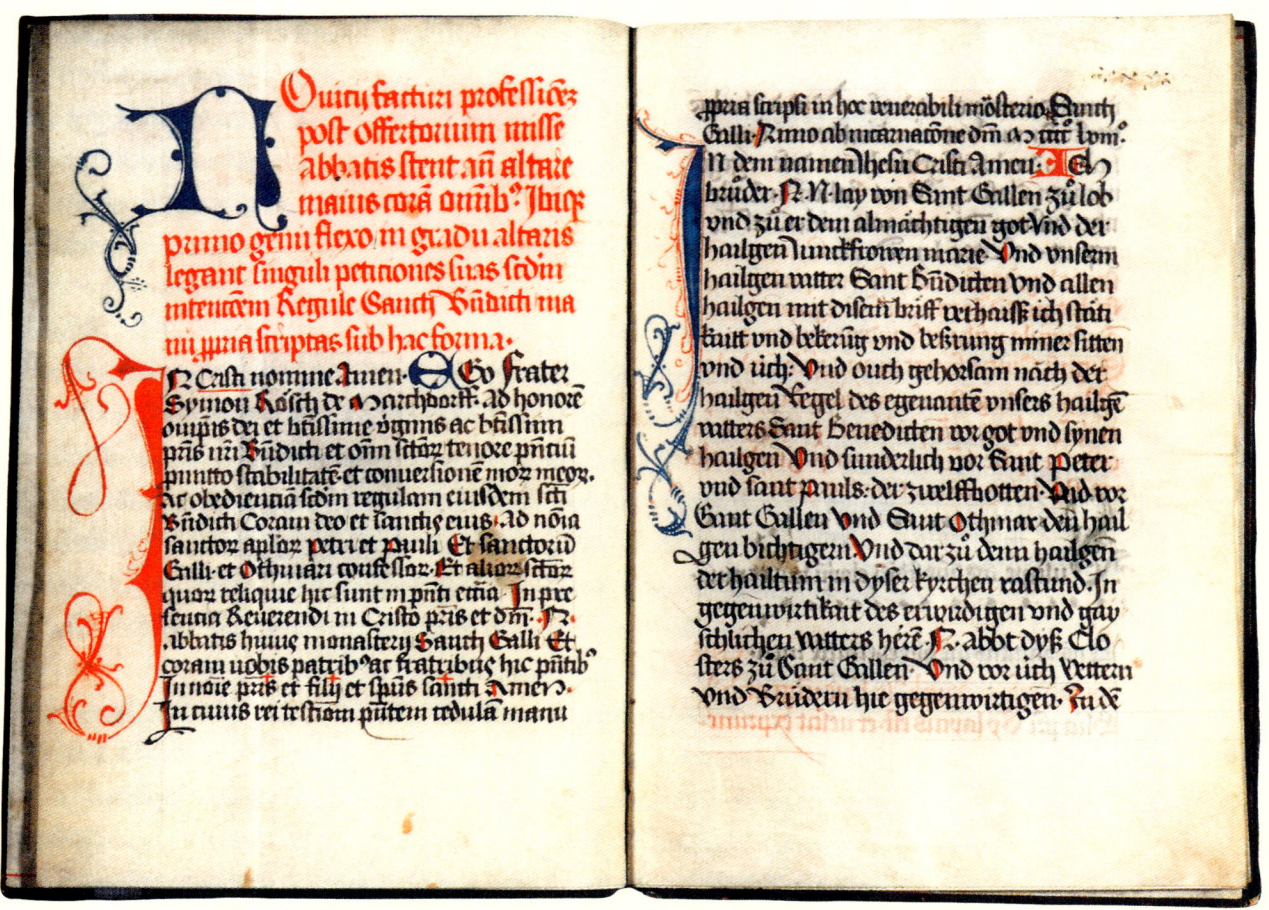

Lateinische und deutsche Profeßformel in einem St. Galler Rituale, geschrieben 1473 von P. Simon Rösch aus Wiblingen.

Verpflichtet zur *stabilitas loci*, der Ortsbeständigkeit, wird er für immer dieser Klosterfamilie angehören.

Der Mönch erhält als Ordenskleidung zwei *Tuniken* (Untergewand), eine Spange für den Halt der Tunika, zwei *Kukullen* (Obergewand), Strümpfe, Schuhe, Gürtel. Für sein Bett ist eine Matte, ein grobes Tuch, um den Strohsack zu bedecken, eine Wolldecke und ein Kopfkissen vorgesehen. Damit der Ausrede, man brauche etwas, vorgebeugt ist, wird dem neuen Mönch auch ein Messer, das zugleich Essbesteck ist, Griffel, Schreibtafel und ein Tüchlein ausgehändigt.

Nun steht der Mönch am Anfang eines schweren Weges, der ihn zu seinem Lebensziel führen soll.

Er hat sich unbedingten Normen unterworfen, die ihn prägen und hoffentlich erleuchten werden. Er wird Disziplin lernen müssen. Er ist der wegweisende Mensch, der nicht nur mahnt und predigt, die Mühen um des Seelenheils willen auf sich zu nehmen, sondern er ist der, der selber geht. Und er geht auf festem Grund. Diese innere Sicherheit gibt ihm Halt und Kraft, auf die Fragen des unsicheren Lebens zielweisend aus der Gewissheit des Glaubens antworten zu können. In der absoluten Zuversicht, den richtigen Weg zu gehen, liegt im Gegensatz zur modernen Orientierungslosigkeit eines der Geheimnisse des abendländischen Mönchtums.

Bau eines Klosters. Nachzeichnung aus dem Hortus Deliciarum der Herrad von Landsberg, um 1170.

Das Kloster

Gehet heraus aus ihrer Mitte und sondert euch ab, spricht der Herr.
2 Kor 6,17

Der Traum vom himmlischen Jerusalem

Unruhig waren die Zeiten immer. Geburt und Tod, Lebensmühe und Verlust und unerklärliches Walten der Natur waren die Eckpunkte menschlicher Erfahrung in den frühen Jahrhunderten. Das Dasein war immer gefährdet. Der Glaube an einen liebenden Gott und die Sehnsucht nach dem himmlischen Paradies gaben den Menschen Kraft zum Leben und Orientierung für ihr Handeln. Mittelalterliches Bewusstsein ist in erster Linie religiöses Bewusstsein. Aus diesen Gründen hat sich die Kontinuität des christlichen Glaubens über tausend Jahre lang als wirksamste Überlebenskraft erwiesen. Religion und Glaubensausübung sind den Menschen tragender Grund und bestimmendes Element in allen Lebensbereichen gewesen. Die Klammer, die alles zusammenhält, ist der Glaube an den dreieinigen Gott der Christenheit. Das Christentum ist die Wirklichkeit und Gott ist die einzige Sicherheit. Alle Wege führen zu ihm. Augustinus hat in seiner theologisch-philosophischen Lehre immer wieder dargelegt, was der Mensch sei, was er hoffen darf und welche Pflichten ihm auferlegt sind. Nicht die Welt der Vergänglichkeit, sondern Gott ist höchste Realität. Das Wort Jesu, dass sein Reich nicht von dieser Welt sei, war den Menschen im Mittelalter immer gegenwärtig. Und doch steht der Mensch ja mitten in diesem Leben und mitten in dieser Welt. Das führte zu der energiegeladenen Spannung zwischen dem Bemühen, die Welt zu verchristlichen, und dem Streben, die Welt zu überwinden. Dieses Kraftfeld umspannt das ganze Mittelalter und zentriert sich ganz wesentlich im Mönchtum.

Die Mönche wissen sich ganz im Diesseits. Die Verbindung zwischen ihrem irdischen Dasein und himmlischer Seligkeit ist ihr Pilgerweg, auf dem sie Tag für Tag ein wenig näher zu ihrem Ziel der Selbstheiligung gelangen wollen. Dieser Weg führt sie hinaus aus dem Lärm der Welt. Sinnbild für ihre religiöse Pilgerschaft ist das Kloster. Es verdeutlicht nicht nur den Weg des Einzelnen, der Mönchsgemeinschaft, sondern den Weg aller Menschen. Hier lebt man im Wissen und im Bemühen um die Nachfolge und in der Verpflichtung für die Nachkommenden. Das Monasterium ist eine Station in der Gegenwart. Das Kloster macht das Vor-Ort-Sein, die Aufgabe hier und heute deutlich. Hier im Zentrum des Zusammenlebens ist das Spannungsfeld aus Weltentsagung und Weltzuwendung eingebettet. Glaube und Auftrag, Idee und Ort, Wort und Tat werden durch den Dienst der Mönche miteinander verbunden. Daraus entwickeln sich die höchsten Kulturleistungen in allen Bereichen des Lebens. Versteht man Kultur als Gesamtheit der geistigen – also auch religiösen – und künstlerischen Lebensäußerungen, dann schließt es auch das gesamte Bildungswesen, soziale Tätigkeit, Landschaftsgestaltung, Tageseinteilung, Arbeitsethos mit ein. So entstanden überall in Europa Standorte einer neuen Lebensqualität, ein Netzwerk des Geistes, der das Abendland hervorbrachte. Das Ergebnis war allerdings nicht das Ziel der Bemühungen. So wie Benedikt keinen internationalen Ordensverband gründen wollte, lag es auch nicht in der Absicht der Monasterien, Gesellschaft und Kultur zu fördern. Was wurde, und was wir heute dankbar bestaunen, entstand nicht durch Propaganda und Krieg, sondern durch Vorbild und Tat.

Wie die Eremiten sich von der Welt lossagten, so suchten auch die ersten Mönche die Einsamkeit, um mit einer Lebensweise zu brechen, die sie nicht an der Nachfolge Christi und seinen Geboten ausrichten konnten. Aber indem sie sich von der übrigen Gesellschaft separierten, wurde die Gesellschaft auch rasch auf sie aufmerksam. Sie brachte ihre Ängste, Krankheiten und Hoffnungen zu ihnen, um bei denen Hilfe zu erbitten, die näher bei Gott waren.

DER BAUPLATZ

Die Mönche wussten schon immer, wo es am schönsten ist.
VOLKSMEINUNG

Neidvoll schaut der Reisende auf die wundervolle Gartenlandschaft, aus der sich das Kloster erhebt. Es wäre ihm leichter ums Gemüt, wenn er bedächte, dass dort, wo das Kloster gegründet wurde, ursprünglich nichts anderes war als Urwald. Ausschlaggebend für den Bauplatz waren ein fester Untergrund, meist Felsgestein, und Trinkwasser. Auch in diesem Sinne waren die Mönche Pioniere. Ihnen ging es nicht um landschaftlichen Reiz, sondern um Abgeschiedenheit. Und natürlich auch, direkt oder indirekt, um Sicherheit. Plünderer machten bekanntlich vor Klöstern nicht halt. Darum kann man sich manchen Klosterort auch als Bauplatz für eine Burg vorstellen, die uneinnehmbar auf dem Felsen gebaut wurde.

Anschaulich berichtet der italienische Mönch Jonas von Susa, wie das Kloster Bobbio gegründet wurde. Vorausgesagt sei, dass der irische Mönch Kolumban auf seiner viele Jahre dauernden Missionsreise durch Nordfrankreich und Burgund, über Luxeuil, wo er ein später bedeutendes Kloster gründete, über einen kurzen Aufenthalt am Bodensee im Jahre 612 nach Norditalien kam. Hier wurde ihm berichtet, dass in den einsamen Landstrichen des Apennins

ein Platz sei, der fruchtbar, gut bewässert und fischreich sei. Im Bericht heißt es: »An den steilen, felsigen Abhängen mussten für die Balken Tannen mitten im dichten Urwald geschlagen werden, oder sie waren anderswo gefällt worden, mit hartem Fall heruntergestürzt und versperrten die Zufahrt mit Wagen. Da lagen Balken, die auf völlig ebenem Gelände kaum dreißig oder vierzig Mann hätten von der Stelle bewegen können. Kolumban, der Mann Gottes, aber packte sie mit zweien oder dreien, je nachdem der steile Waldpfad den Zugang erlaubte, und legte sich und den Seinen das ungeheure Gewicht auf die Schultern. Und wo man vorher als Wanderer in der Wildnis kaum frei hatte ausschreiten können, da gingen sie jetzt mit den Balken schwer beladen, eilends daher.« Mag den Berichterstatter auch die Bewunderung für den rüstigen, durchsetzungsstarken Kolumban bewegt haben, können wir uns den Bauplatz doch recht gut vorstellen. Viele Orte im deutschsprachigen Bereich mit dem Grundwort -rod, -roth, -rode, -reuth im Namen erinnern an die erste Siedlung, die durch Rodung entstand. Orte, in denen Klöster errichtet wurden, verweisen, wie zum Beispiel Himmerod, Rot an der Rot, auf die Rodung durch Mönche.

Zur gleichen Zeit wollte der Mönch Gallus, der mit Kolumban an den Bodensee gekommen war, für sich und einige Gleichgesinnte eine Zelle für ihr asketisches Leben in der Einsamkeit errichten. Er hatte sich eine Stelle im Wald ausgesucht, bei der Wasser vom Felsen herabstürzte und einen kleinen See bildete. Doch man riet ihm dringend davon ab, dort leben zu wollen. »Die Einsamkeit hier ist rau und voller Wasser. Sie hat hohe Berge und enge Täler, dazu vielerlei wilde Tiere, Bären, Rudel von Wölfen und Wildschweinen. Ich fürchte, sie fallen über dich her, wenn ich dich dort hinbringe.« Gallus ließ sich von seinem Entschluss nicht abbringen. In seiner

Lebensbeschreibung heißt es, dass sie sich vom Ort Arbon aus mehr als neun Stunden durch den Urwald schlugen, um zu dem Ort zu gelangen, der später als Kloster Sankt Gallen weltberühmt wurde, dreizehn Kilometer von Arbon entfernt.

Mit dem lateinischen Begriff *monasterium* wird die ganze Klosteranlage mitsamt der Kirche als Mittelpunkt benannt, für die wir später den Begriff »Münster« ableiteten. Die Regel des heiligen Benedikt lag den meisten Klosterbauten zwischen dem 6. und 11. Jahrhundert zugrunde. Sie legte für die Gründung eines Klosters fest, dass alles für das Klosterleben Notwendige innerhalb der Klostermauern zu beschaffen sein müsse. Aus alltäglichen Bedarfsgründen solle niemand das Kloster verlassen müssen, damit seine Seele keinen Schaden nehme. Das war zu einer Zeit, als aus einem Bethaus und einem Wohnhaus Gebäudekomplexe für oft mehr als hundert Mönche geworden waren, meist nur mit Stiftermitteln ermöglicht. Daraus aber entstanden Abhängigkeiten, die dem Orden keine sorgenfreie Entwicklung ermöglichen sollten.

DIE KLOSTERANLAGE

Das Zisterzienser-Kloster in Maulbronn, Baubeginn im Jahre 1147, vermittelt einen auch heute noch überwältigenden Eindruck von der Größe und Bedeutung eines mittelalterlichen Klosterkomplexes.
Das Ideal einer benediktinischen Großkloster-Anlage ist uns durch den Bauplan von St. Gallen überliefert, der um 820 gezeichnet, aber nicht realisiert wurde. An zentraler Stelle wird das *Oratorium*, der Betraum, die Kirche, errichtet; dann das *refectorium*, der Speisesaal; das *dormitorium*, der Schlafsaal; die *coquina*, die Küche; die *bibliotheca*, der Bücher- und Leseraum; der

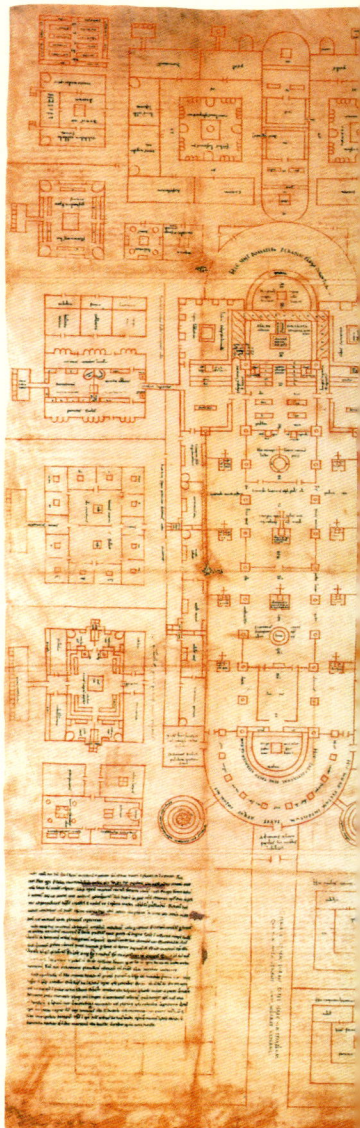

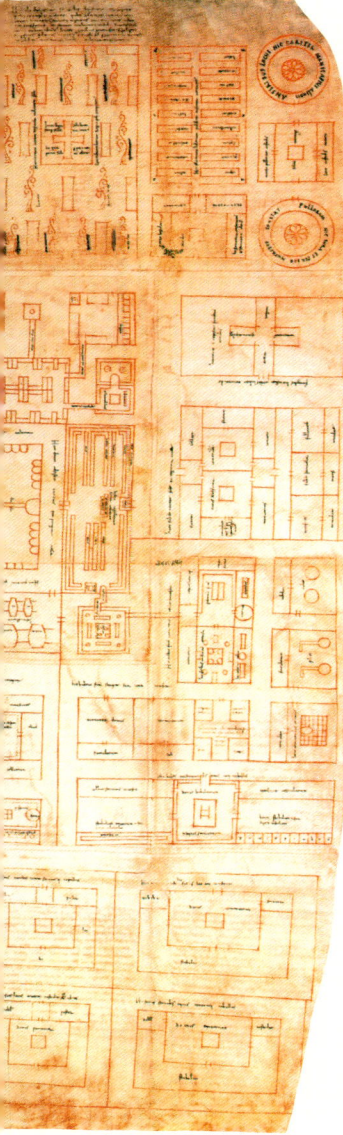

hortus, der Garten; die *cella hospitum*, der Gastraum; die *cella novitorium*, der Raum der Novizen; die *cella ostiarii*, der Raum des Pförtners; die *cella infirmorum*, der Krankenraum.

Mit *cella* wurde ursprünglich »die Kammer« bezeichnet. Aber schon Benedikt setzte den Begriff für »Gemeinschaftsraum«, Gast- und Krankenraum ein. Im Mittelalter wurde manchmal das gesamte Kloster als »Zelle« bezeichnet, eine Entwicklung, die wir in Ortsnamen wie Radolfzell, Appenzell, Zell am See, u. a. wiederfinden.

Zu dieser Grundstruktur der Klosteranlage kamen später hinzu das *parlatorium*, der Besucher- und Sprechraum; das *calefactorium*, die Wärmestube, zumeist der einzige beheizte Raum, in dem die Mönche sich im Winter aufwärmen und ihre Kleider trocknen konnten. Er wurde in der kalten Jahreszeit oft auch als Schreibraum genutzt.

In einem Großkloster konzentrierte sich das Leben der Mönche räumlich auf einen kleinen Bereich: Kirche, Kreuzgang (oft mit Brunnenhaus zum Waschen, Baden und Rasieren), Refektorium, Kapitelsaal als Versammlungsraum für stimmberechtigte Mitlieder des Ordens, und Dormitorium.

Darum herum waren an genau beachteter Stelle die einzelnen Nutzbereiche eingeplant: Obst- und Gemüsegärten, wenn möglich Fischteiche, Vieh- und Pferdeställe, Brauerei, Mühle, Werkstätten, Wohnungen für Klosterbedienstete, Herbergen und in späterer Zeit das Haus des Abtes. Auf dem St. Galler Klosterplan lassen sich noch einige nützliche Einrichtungen mehr entdecken.

Das gesamte Areal war von einer schützenden Mauer umgeben. Das mehrere Hektar große Areal des Klosters war in kriegerischen Zeiten Zufluchtsort für die Bevölkerung der Umgebung und musste in der Lage sein, viele hundert Menschen auch länger zu versorgen. In friedlichen Zeiten und in den Jahrhunderten, in denen nicht einmal Könige, geschweige denn Fürsten feste Wohnsitze hatten, weil sie ständig an anderen Orten zugegen sein mussten, waren Klöster Herbergs- und Versorgungsstationen für die Mächtigen der Welt und ihre nicht eben kleinen Gefolgschaften. Umso wichtiger war es, dass der innere Klosterbereich den Mönchen vorbehalten blieb.

Das Großkloster versinnbildlicht die Vorstellung der idealen Kirche, die ein Abbild ist des himmlischen Jerusalems, nach dem sich das ganze Mittelalter sehnt. Es ist die sichtbare, bewundernswert durchstrukturierte, hervorragend organisierte und rationalisierte Entsprechung der monastischen Idee vom Leben einer Gemeinschaft auf ein Ziel hin – mitten in der Welt.

KEINE INSELN DER SELIGEN

Die Klöster standen, wenn auch abgelegen, so doch nicht außerhalb der Gesellschaft. Und die Mönche, wenngleich Gottsucher, waren nur Menschen. Ein Kloster konnte trotz der den Bauplatz umgebenden Wildnis nicht einfach »ohne Baugenehmigung« errichtet werden. Es musste die Bewilligung der jeweiligen Herrschaft eingeholt werden, auch wenn jene, wie die Quellen berichten, oft erst klären musste, ob das Baugebiet ihrer Zuständigkeit zuzurechnen war. Klöster sollten nach Benedikts Vorstellung autark sein, doch ließ sich dieses Ideal in späterer Zeit nicht generell verwirklichen. Dort, wo Klöster gegründet wurden, zogen sie das Interesse der Bevölkerung auf sich. Gäste kamen, die versorgt werden mussten. Handwerker ließen sich nieder oder sind für immer in der Nähe ihrer Baustelle geblieben. Aus einsamen Klöstern wurden bald Wirtschaftszentren. Zog das Kloster

die Aufmerksamkeit der Laien an, zum Beispiel durch einen vielleicht bereits verstorbenen, vorbildlichen Abt, durch ein Wunder – das war im Mittelalter genauso real wie Engel, Teufel und finstere Mächte – oder einen anderen Grund, dann kamen die Pilger. Kranke wurden zum Kloster gebracht und mussten, wie auch erkrankte Pilger, versorgt werden. Andererseits wuchs der Besitz mit der Zahl der Stiftungen, denn er wurde nicht durch Erbteilungen geschmälert. Das förderte den Neid in den oberen Gesellschaftsgruppen. Viele Klöster waren gut beraten, wenn ihre vorausschauenden Äbte nur Stiftungen annahmen, die weit vom Klosterort entfernt waren. Zudem fühlten sich die adeligen Stifter, die dem Kloster durch Landzuweisung erst den Bau und die Existenz ermöglichten, als Eigenkirchenherren über ihre Hausklöster. Der Adelsstand förderte die Klostergründung nicht aus selbstloser Nächstenliebe. Die gestifteten Kirchen und Klöster dienten ihnen als Grablegen am heiligen Ort und als Stätten der Fürbitten für ihre Seelen. Das hielt sie andererseits nicht davon ab, in Notlagen auf das Klostergut zurückzugreifen. Strömten gerade in Zeiten der Not noch mehr Hilfsbedürftige zu den Klöstern, dann war die wirtschaftliche Krise der Konvente oft unabwendbar.

Die Jahrbücher, die Lambert, Mönch im Kloster Hersfeld, aufgezeichnet hat, gehören zu den wichtigsten Quellen des 11. Jahrhunderts. Die Reformbewegung der Zisterzienser ist eine Reaktion auf die Unmäßigkeit der Cluniazenser, die als Reformorden der Benediktiner der Regel Benedikts ursprünglich besonders streng gehorchen wollten. In Deutschland wurde die Rückkehr zu den benediktinischen Regeln, ausgehend vom Kloster Hirsau im Schwarzwald, als Hirsauer Reform bekannt. Lambert schrieb: »Im Jahre 1071 vertrieb Anno, Erzbischof von Köln, die Kano-

niker aus Saalfeld und führte dort das monastische Leben ein. Von Sigbert und Sankt Pantaleon schickte er Mönche dorthin. Damals ging auch ich nach Saalfeld, um mir ihre Zucht und mönchische Disziplin anzusehen. (…) Wie immer alles durch Gewohnheit an Wert verliert und wie die stets neuerungssüchtige Volksseele das Unbekannte mehr anstaunt, so schätzte man uns, mit denen man schon längst verkehrte, nicht mehr, während man jene, die etwas Neues und Außergewöhnliches an sich hatten, nicht für Menschen, sondern für Engel, nicht für Fleisch, sondern für Geist hielt. Diese Meinung grub sich übrigens in die Köpfe der Adligen tiefer als in die der einfachen Leute ein und blieb auch fester darin sitzen. Durch die Gerüchte, die sich über diese Reformmönche unter dem Volke verbreiteten, ging durch die meisten Klöster jener Gegenden ein solcher Schrecken, dass bei ihrer Ankunft dreißig, vierzig und fünfzig Mönche verschiedener Stifte ihre Abteien verließen. Sie nahmen Anstoß an den Mönchen von der strengen Lebensart und hielten es für besser, ihr Seelenheil in der Welt zu gefährden, als über das Maß ihrer Kräfte Gewalt um des Himmelreichs willen anzuwenden. In Wirklichkeit schien aber der Herr nicht unverdientermaßen die Verachtung über unsere Mönche auszugießen. Denn die persönliche Schmach einiger Pseudomönche brachte den Namen der Mönche gar sehr in Verruf. Diese hatten keinen Eifer für göttliche Dinge und lebten nur für Geld und Erwerb. Um Abteien und Bistümer zu erhalten, lagen sie in unverschämter Weise den Fürsten in den Ohren, und zu kirchlichen Ehrenstellen suchten sie nicht wie unsere Väter auf dem Wege der Tugenden, sondern auf dem abschüssigen Pfad der Schmeichelei und durch Vergeudung übel erworbener Gelder zu gelangen. Für ein armseliges Ämtlein versprachen sie täglich ganze Goldberge. Durch das Übermaß ihrer Freigebigkeit schlossen sie jeden nichtklösterlichen Bewerber aus; der Verkäufer wagte nicht so viel zu fordern, als der Käufer zu zahlen bereit war. Die Welt wunderte sich über die Quellen solcher Geldströme und konnte es nicht fassen, wie sich die Schätze eines Krösus und Tantalus bei einfachen Leuten anhäufen konnten, die zudem das Ärgernis des Kreuzes und den Titel der Armut zur Schau trugen und der Menschheit vorlogen, dass sie außer einer bescheidenen Verpflegung und Kleidung nichts besäßen.

Dieses Unkraut im Herrenacker, dieses vertrocknete Reisig im Weinberge Gottes und diese Stoppeln für das ewige Feuer hatten den ganzen Körper der heiligen Herde mit Fäulnis angesteckt, so dass man uns alle für gleich hielt, niemand unter uns tue Gutes, auch nicht einer.

Deshalb beriefen die Fürsten des Reiches von der anderen Seite der Alpen Mönche, um durch sie im Frankenreiche eine Schule des Gottesdienstes zu gründen. Unsere Leute aber, die sich den Einrichtungen jener nicht fügen wollten, warfen sie schmachvoll aus den Klöstern.«

Ganz anders stellt sich die Situation da, in der sich das Kloster Fulda zu Anfang des 12. Jahrhunderts befindet. In seinen Aufzeichnungen dokumentiert Abt Markward (1150–1165), was Herrenneid aus einem einstmals bedeutenden Kloster machen kann: »Vom ersten Augenblick an, wo ich durch des Herrn Gnade unter der Regierung Konrads und durch die Macht aller Brüder hier eintrat, begann ich zu überlegen, wie ich mit Gottes Hilfe diese verödete und fast völlig zerstörte Kirche [also: das Kloster; A. d. V.] von den Einfällen und Plünderungen gewisser Leute befreien könnte. Es war wirklich ein Elend zu sehen, wie so ein berühmter Ort, der von allen Gläubigen geliebt wird, so vernachlässigt war, dass man in keiner Vorratskammer der Brüder oder des Abtes nur so viel finden konnte, dass

die Brüder dieser verehrungswürdigen Gemeinde auch nur einen Tag davon hätten leben können. Das war übrigens kein Wunder. Denn die Laien besaßen alle Meiereien [Gutshöfe; A. d. V.] des Stiftes, und sie gaben und behielten davon nach ihrem Belieben zurück.

Die erste Gelegenheit zur Schädigung des Klosters war diese. Hatte ein Laie auf einige Zeit eine Meierei dieser Abtei in Händen, so behielt er die besten Äcker für sich und vererbte sie nach dem Lehnrecht an seine Söhne weiter, so dass von einer Meierei mehr Huben [1 Hube (auch: Hufe) entspricht 5,31 Hektar; A. d. V.] verloren gingen, als ihr erhalten blieben. Und hatte ein Meier dem Kloster vierzehn Tage zu dienen, so tat er es kaum acht, und wer acht Tage den Brüdern Dienste zu leisten hatte, der arbeitet kaum drei Tage, oder er tat überhaupt nichts. Dann gab es noch ein anderes, weit unerträglicheres Elend. Die Fürsten der verschiedenen Gegenden holten sich von den benachbarten Klostergütern, was ihnen beliebte. Sie nahmen dies als Lehen, da es ihnen niemand verwehrte und niemand Einspruch erhob. Ärmere aber legten sich in den Waldungen und Forsten des heiligen Bonifaz Neubrüche und Meiereien [Rodungen und Bauernhöfe; A. d. V.] an. Was soll ich dann vom Gesinde und den Leibeigenen der Kirche sagen, die überall dem Räuber ausgesetzt sind, der sagt: ›Mein bist du, mein bist du, ich habe dich mit dem Lehnen erworben‹? Solche, ähnliche und auch viel größere Übel bedrängten unsere Vorgänger (…) Ich erholte mir Rat und Bestätigung vom Herrn Papste Eugen und ließ mir von meinem Herrn König Konrad Anweisung geben, und dann gab ich keinen meiner Vasallen und Lehensleute, was ihm nicht gehörte. Meine Meiereien nahm ich den Laien und besetzte sie mit meinen Brüdern und mit einigen Bauern, so wie es mir gut schien. Da musste ich nun freilich sogleich, weil der erste

Die Gründung des Klosters der Fratres Minores (Minderbrüder) in Valenciennes, Frankreich. Codex aus der zweiten Hälfte des 15. Jh.

senfieut le vor furt les
stoures se benau/ et pre
ievement coment les
res mineurs vidzent
Oalencuennes dessoubz
bedience de vng nome
re guillame chap. s

Egnant au
monde et
meifmement
en leglife x
u innocent le pape se
au nom tiers en lem
re fedzic succedant ou
aume de france phle
onquerant roy entre
englés le roy ichan

en brabant henri le duc e
flandzes et en benau en
semble se conte ferrand
estoient ia espars e seme
les freies se lordze des freies
mineurs par la dispensa
aon se dieu deuant alant
par tout le monde vniuer
sel les autres entre les
farrasins les autres entre
les greqz les vns entre
les turqs et les autres en
tre les crestiens [rems] En
telle maniere que les freies
deuant dis par les espaces
ses temps estoient multe
plies desia grandement

Zusammenstoß immer der heftigste ist, großen Widerspruch, ja Ermordung, Blendung und Verwundung der Meinen durch das Ungestüm ertragen. (…) Denn wenn wir Kleriker oder Mönche die unersättliche Habsucht unserer Vettern ausfüllen wollten, da würde uns kein Bistum zusamt einer Abtei genügen. Und dabei würden sie uns wohl nur lässig und ihrem Vorteil entsprechend helfen. Doch genug davon.«

Die hier geschilderten Probleme machen die Rechtsunsicherheiten deutlich. Damit nicht nur der Dreiste und Stärkere sich durchsetzen konnte, musste geltendes Recht auch belegbar sein. Für Boden- und Nutzungsrechte und auch für Abgabepflichten wurden Dokumente erstellt. Der Tradition der merowingischen und karolingischen Königssiegel, der späteren Hochadels-, Bischofs- und Abtssiegel folgend, gewann die Siegelurkunde seit dem 13. Jahrhundert große Verbreitung. Der Schrift mächtig waren zunächst fast ausschließlich geschulte Mönche und Kleriker, die Urkunden in lateinischer Sprache aufsetzen konnten, die eine höhere begriffliche Sicherheit gewährleistete. Ab dem 13. Jahrhundert finden sich in zunehmender Zahl Dokumente in deutscher Sprache, die sich aus zahlreichen Dialekten und auch über die Schriftsprache mehr und mehr vereinheitlichte. Mit der sich differenzierenden Zivilisation ging immer mehr Verwaltung einher. Der Handel und die sich seit dem 12. Jahrhundert verstärkt entwickelnden Städte benötigen schriftliche Belege. Der Bedarf an schulischer Bildung und an Kanzleien stieg.

Kehren wir nach dieser kurzen Abschweifung in die weltlichen Belange der Klöster zurück zum Leben in den Konventen.

Ehemalige Benediktinerabtei Cluny,
Burgund, Frankreich.

FOLGENDE SEITE
Mönche spalten einen Baumstamm.
Französische Buchmalerei in der Initiale Q
aus dem Kommentar zum Buch Hiob
(Gregor der Große, um 1100).

Die Arbeit mit den Händen

Im Frühmittelalter waren die wenigsten Mönche zugleich Priester. Die Laienmönche kamen aus allen Ständen. Sie waren Bauern oder Handwerker. Angestellte des Adels oder kamen aus der Herrschaft des Landes. Das Prinzip der Benediktregel teilte den Tag in Arbeit und Gebet ein. Arbeiten konnten sie. Das lateinische Psalmengebet mussten die meisten erst lernen. Vom 10. Jahrhundert an setzte sich die Trennung der zum Chorgebet verpflichteten Chor- oder Priestermönche, den *patres*, von den Laienbrüdern, den *fratres*, immer mehr durch. Damit veränderte sich auch die Arbeit im Kloster. Die geistige Arbeit gewann Raum. Die Handarbeit wurde von den Mönchen erbracht, die keine Priester waren. Nicht nur die geistliche und geistige Vorrangstellung der Benediktiner, sondern auch ihre wirtschaftliche und gewerbliche Bedeutung und damit der über Jahrhunderte gewachsene Besitz hatten den Orden in eine tiefe Krise geführt. Längst waren die frühen Benediktinerklöster fest in gesellschaftliche Strukturen eingebunden. Städte und Herbergswesen gab es im Frühmittelalter noch nicht. Dafür waren die Hausklöster verpflichtet, Aufenthaltsräume für mehrere hundert Personen bereitzustellen und sie auch mehrere Tage lang zu versorgen. Neben den Burgen, die oft nicht mehr waren als größere Bauernhäuser, waren die Klöster die einzigen Orte, in denen die Fürsten und ihr Gefolge Obdach fanden. Klöster mussten das wirtschaftlich verkraften können. Und die Gäste brachten die Welt in die ehemals klösterliche Abgeschiedenheit.

Bernhard von Clairvaux (1091–1153) vollzog die radikale Wende. Er trat mit dreißig getreuen Mönchen, die sich seinem Vorhaben angeschlossen hatten, in das im Jahre 1098 in der Wildnis von Cistercium (Cîteaux, südlich von Dijon) errichtete, armselige Kloster ein. Für den Konvent war diese Aufnahme die Rettung in letzter Sekunde. Er stand kurz vor der endgültigen Aufgabe, die Mönche starben den Hungertod. Doch mit der tatkräftigen Verstärkung kam auch der Umschwung und das Kloster begann wieder zu leben. Von hier aus leitete Bernhard die bewusste Rückkehr zur strengen Befolgung der Regel Benedikts ein. Es lag ihm besonders daran, dass sich die Klöster der Zisterzienser ausschließlich durch ihre Eigenarbeit unterhielten und sich dadurch aus der wirtschaftlichen und politischen Umklammerung weitestgehend befreiten. Die Situation in Cîteaux stabilisierte sich, man expandierte und Bernhard wurde Abt der dritten Neugründung in Clairvaux. Seine charismatische Persönlichkeit und seine ansteckende Begeisterungsfähigkeit für die reine Idee Benedikts führten zur rasanten Ausbreitung der Zisterzienser. Überzeugt, sich durch Chorgebet, Askese und Arbeit den Himmel verdienen zu können, traten Gebildete aus allen Ständen und Mönche aus anderen benediktinischen Klöstern in den neuen Orden ein. Auch arbeitswillige Handwerker und Bauern baten als Laienbrüder, nun *Konversen* genannt, um Aufnahme in die neu gegründeten Klöster. Im Geiste der Brüderlichkeit verpflichteten sich die Zisterzienser, ihre Laienbrüder im Leben und im Sterben wie sich selbst zu halten, sie mit gleicher Würde anzusehen. Die Konversen legten ebenso wie die Mönche vor dem Abt ihr Gelübde ab. Nach den Gesetzen des Ordens nahmen sie an allen geistigen Gütern Anteil. Die Begeisterung für die Zisterzienser war über viele Jahrzehnte ungebrochen. Hundert Jahre nach Bernhards Tod gehörten zum Orden bereits 647 Zisterzen.

Bernhard hatte gar nicht die Absicht, ein neues Werk zu schaffen. Doch indem er und seine Brüder sich im 12. Jahrhundert darauf ver-

pflichteten, die Regel Benedikts aus dem 6. Jahrhundert in einer geschichtlich veränderten Situation asketisch und getreu zu leben, wirkte dieser radikale Geist wie ein Katalysator, der zu einer Hochblüte der mittelalterlichen Kultur führte.

Die radikale Abkehr von der Umarmung der Welt ließ die Gründung von Zisterzienserklöstern nur in der Wildnis und in menschenleerer Abgeschiedenheit zu.

Durch Weisheit wird ein Haus gebaut, durch Umsicht gewinnt es Bestand.
SPR 24,3

Zuerst wurden Hütten aus Holz errichtet. Die Zisterziensermönche waren ja zur Handarbeit verpflichtet. So ist es bereits in den ersten Anweisungen des Ordens um 1134 festgeschrieben. Auch die Chormönche waren von der harten körperlichen Arbeit zunächst nicht ausgenommen. Arbeitshandschuhe waren bei den Zisterziensern verpönt. Ohne Unterschied der bürgerlichen Herkunft mussten Söhne des Adels genauso wie ehemalige Handwerksburschen und Bauernsöhne mit beiden Händen nach Kräften zupacken. Alles mussten sie alleine machen. Sie hatten sich ja verpflichtet, nie aus der Arbeit eines anderen Menschen Nutzen zu ziehen! So gut es eben ging, wurde in völligem Stillschweigen gearbeitet. Nachdem die Mittel des Ordens gewachsen waren, wurden zusätzlich Handwerker gegen Lohn verpflichtet. Die hölzernen Kirchen- und Klosterbauten wurden durch steinerne ersetzt. Dazu musste in der Nähe des Klosters ein Steinbruch eingerichtet werden. Die Blöcke mussten behauen und transportiert werden. Im gerodeten und eingeebneten Gelände wurde der Grundriss markiert.

Für die Klosterarchitektur gab es nach Intentionen Bernhards klare Vorstellungen, doch mussten

Blick auf den Kreuzgang des Zisterzienser-Klosters Maulbronn, Baden-Württemberg.

`diese den örtlichen Bedingungen angepasst werden. So stellen sich die frühen Zisterzienserklöster zwar unterschiedlich dar, doch atmen alle den selben Geist: ruhig, schmucklos, schlicht, streng wie ein Fels und dadurch erhaben.

Die Zisterzen waren mit frühstädtischen Anlagen zu vergleichen: das gesamte Klostergelände war mit Mauern und Türmen umgeben, die alle für das Klosterleben notwendigen Einrichtungen schützen und den Kontakt der Mönche nach außen verhindern sollten. Die Anordnung der Gebäude, die Anlage der Werkstätten und Felder ließen nach Bernhards Vorstellungen eine geschlossene, der Andacht geweihte Welt entstehen. Der behauene Stein kündet von der Mühe der Menschen, die ihn mit einfachen Werkzeugen geformt haben. Puristisch würden wir heute sagen, kahl, nüchtern wie eine Werkstatt wirkt das ganze Monasterium. Ein Kirchturm gilt als Zeichen des Stolzes. Auf ihn wollten die Zisterzienser daher verzichten. Das Kircheninnere gleicht einer Werkhalle. Hier muss der Mönch arbeiten, um sich Gott durch das Wort zu nähern. Alle optische Ablenkung der Sinne wurde vermieden. Es gibt keine Wandbemalung, keine Skulpturen. Klare Linien bestimmen das Bild. In diesem steinumbauten Raum gibt es nur das Kreuz, den Menschen und das gesungene Wort. Und das wandernde Licht des Tages als gleichsam göttliche Zier. Erhellung der Seele war nur von Gott zu erwarten.

Lebensquelle: Wasser

Ihr werdet Wasser schöpfen voll Freude.
JES 12,3

Die Entwicklung des Benediktinerordens in den letzten Jahrhunderten lehrte die Zisterzienser, mit allen ihren Kräften um ihre Unabhängigkeit bemüht zu sein. Dafür waren sie bereit, Fronarbeit, Pfründe und Abgaben wie den sogenannten Kirchenzehnt abzulehnen. Die Statuten des Ordens erlauben den Landerwerb und den Kauf von Quell- und Wasserrechten zur Sicherung der Klosterwirtschaft. Frisches Wasser innerhalb der Klostermauern war in jeder Beziehung überlebenswichtig. Wenn die natürlichen Gegebenheiten die idealen Bedingungen nicht von vornherein anboten, dann griffen die Zisterzienser zu Hacke und Schaufel, das Wasser für ihren Gebrauch umzulenken. In der Anfang des 12. Jahrhunderts errichteten Abtei Trois-Fontaines (bei Révigny, knapp hinter der Grenze Lothringens zur Champagne), führten die Mönche das Wasser dreier Quellen durch ein gemauertes, unterirdisches Kanalsystem zur Nutzung in den Klosterbereich. Von der einst mächtigen Abtei, die zu den größten Europas zählte, stehen heute nur noch einige Ruinen. Das Kanalsystem funktioniert noch immer. Damit die Klostermühle mit Wasserkraft angetrieben werden konnte, schlugen die Zisterzienser unter Ausnutzung des Gefälles einen hundert Meter langen Durchstich durch den felsigen Ulrichsberg.

Um Sumpfgebiete trocken zu legen, die sie zur Klostergründung oder als Wirtschaftsfläche nutzen wollten, bauten die Mönche Entwässerungssysteme. Bei Straßenengel in Österreich bauten die Mönche und Konversen einen künstlichen Wasserlauf, um im Sommer die Wiesen berieseln zu können. Und weil sie Pioniere darin waren, die Eigenversorgung durch eigene Arbeit sicherzustellen, legten sie im Klosterbezirk Fischteiche an, die die wichtigste Fastenspeise lieferten. Sie konstruierten Wassermühlen, um das eigene Getreide mahlen zu können.

Wasser strömte in gemauerten Rinnen, Holz- oder Bleileitungen in die Gärten zur Bewässerung der Pflanzen, in die Werkstätten, die Wasser benötigten, ins Brunnenhaus, zur Erfrischung und zur Reinigung, durch die Küchen und letztendlich zur Dauerspülung durch die Abflussrinnen der Latrinen.

LEBENSQUELLE: GARTEN UND FELD

Wir suchen überall das Unbedingte und finden immer nur Dinge.
NOVALIS

Das Novalis-Zitat bringt die Sehnsucht des modernen Menschen nach Sicherheit, Verlässlichkeit und Qualität auf den Punkt. Die eindeutigen Bezüge sind uns verlorengegangen. In jedem Augenblick erreicht uns die Mitteilung: »Achte nicht auf das Vorherige. Das hier ist besser. Und wenn es nicht besser ist, dann ist es billiger; das ist für dich besser.« Entscheidungen fallen immer schwerer. Wir sind ununterbrochen gefordert. Darum wächst unser Verlangen nach garantierter Qualität – nicht nur in Bezug auf die Dinge.

Nicht wenige Menschen haben die Produkte für sich entdeckt, die in der Tradition klösterlicher Arbeit entstehen. Landwirtschaftliche Nahrungserzeuger orientieren sich an den Wertvorstellungen, die den Klosterprodukten zugrunde liegen. Sie alle wenden sich einem Qualitätsdenken zu, das die Arbeit der tätigen Orden seit Jahrhunderten auszeichnet: Beständigkeit im Guten.

Pflanzt Gärten, und esst ihre Früchte.
JER 29,5

Mit der Schaffung des kultivierten Landes durch Rodung ging die Entwicklung des Obst- und Gemüseanbaus einher. Die Klostergärtner lieferten die Vorbilder. Sie verfügten über die größte Erfahrung. Auf der Gartenbaukultur der Römer fußend wurden die Gärten in den ersten Benediktiner-Klöstern in Italien angelegt. Mit den Mönchen kam das Wissen nach Frankreich und über die Alpen. Jene Mönch-Pioniere, die im urbar gemachten Gebiet ein neues Kloster errichteten, hatten auch Saatgut mitgebracht. Bereits im 6. Jahrhundert hatten sie Kräuter aus Ägypten nach Frankreich mitgenommen. Zur weiteren Verbreitung des Konzeptes der Klostergärten trug wesentlich auch die Krongüterverordnung Karls des Großen aus dem Jahre 795 bei. In ihr sind Pflanzenlisten aufgeführt, die sich ausdrücklich an den Erfahrungen der Benediktiner orientieren und für die königlichen Güter verbindlich werden.

Prächtige Initiale aus einem Psalter. Herzog Tassilo von Bayern übergibt das Modell einer romanischen Abteikirche dem heiligen Agapitus (1464).

Gelobt seist du, o Herr, durch unsere Schwester, die Mutter Erde, die uns trägt und ernährt und spendet Früchte in Fülle, bunte Blumen und Kräuter. FRANZ VON ASSISI

Aus dem Klosterplan von St. Gallen, der um das Jahr 820 im Kloster der Insel Reichenau als Idealplan einer Klosteranlage gezeichnet wurde, lässt sich genau ablesen, wie der Garten nicht nur gewollt, sondern in anderen Klöstern auch angelegt wurde. Demnach werden als Klostergarten bis heute drei verschiedene Gärten eingerichtet: ein Obstgarten (*pomarium*), ein Gemüsegarten (*hortulus*) und etwas entfernt ein Kräutergarten (*herbularius*). Diese Dreiteilung wurde über Jahrhunderte auch in den Hausgärten der Bürger beibehalten.

Im klösterlichen Obstgarten sollten fünfzehn Bäume gesetzt werden: Birne, Apfel und Pflaumen. Auch Walnuss, Edelkastanie, Quitte, Mispel, Pfirsich und Maulbeere waren vorgesehen; ebenso Mandel, Haselnuss, Pinie, Speierling, Lorbeer. Und letzte Ruhestätten für die verstorbenen Mitbrüder im Schatten unter den Bäumen.

Wo Mönche sich niederließen, pflanzten sie die mitgebrachten Stecklinge der Frucht- und Nutzbäume dem gewonnenen Boden ein. Die weiten Verbindungen innerhalb des Netzwerkes der Zisterzienser-Niederlassungen wurden zum Informationsaustausch genutzt. In der Provinz Padua gab es vormals keine Olivenbäume. Benediktiner erst pflanzten sie dort ein und sie experimentierten dort mit Maulbeerbäumen und Seidenraupen. Albertus Magnus (um 1200–1280) empfiehlt in seinem Werk *De vegitabilibus*, über das Pflanzenreich, Apfel-, Pflaumen-, Birnen- und Walnussbäume durch Pfropfen zu veredeln. Zisterzienser verpflanzten Apfelbäume nach England. Aus den Äpfeln kelterten sie Apfelwein. Daraus entwickelten sie die Herstellung des *Cicera*, den wir heute noch als *Cidre*, den beliebten Apfelschaumwein,

kennen. Und vielleicht hatten sie auch schon den Calvados entdeckt, natürlich zu medizinischen Zwecken. Die Trappisten, ursprünglich Zisterzienser der strengen Observanz, verpflichten sich zu einem kontemplativen Leben in Schweigen, theologischem Studium und Handarbeit für den Lebensunterhalt. Sie lehnen es ab, Fleisch zu essen. Die vegetarisch lebenden Trappisten in Paris züchteten immerhin achtundachtzig Birnensorten, die nicht nur ihren Gaumen erfreuten, denn einige Sorten werden heute noch angebaut.

Im Gemüsegarten wurde auf je einem eigenen Beet Lauch, Kohl, Sellerie, Rettich, Fenchel, Mangold, Knoblauch, Dill, Zwiebeln, Petersilie, Mohn, Koriander, Brennessel, Kerbel, Salat, Pastinakenwurzel und Bohnenkraut gepflanzt. Vegetarisches Essen stand häufig auf dem Speiseplan des Küchenbruders. Es brauchte nahezu keine Weiterverarbeitung und war leicht verdaulich. Viele Gemüsepflanzen, wie zum Beispiel Bohnen, wohl auch Linsen und Erbsen, wurden auf Feldern außerhalb der Klostermauern angebaut. Kein Gartenjahr glich dem anderen. Die gesammelten Erfahrungen wurden ausgewertet und genutzt. Im Jahre 1273 studierten die Zisterzienser von Doberan, dem ersten 1171 in Mecklenburg gegründeten Kloster, die Entwicklung ihrer Pflanzen in einem Versuchstreibhaus. Das Kloster produzierte nämlich auch Glas.

Besondere Aufmerksamkeit verdient der Kräutergarten. In ihm wuchsen auch Gemüsepflanzen, die, wie zum Beispiel Fenchel, in der Klostermedizin Verwendung fanden. Kräuter, die die Speisen verfeinerten, sparten teure Gewürze. Auch im Kräutergarten wurde nur eine Pflanzenart in ein Beet gesetzt, um die Verwechslungsgefahr möglichst auszuschließen und die Reinheit der Pflanze zu wahren, da ja auch toxische Pflanzen angebaut wurden. In der weiteren Ent-

38

wicklung entstanden aus der frühen Trennung Pflanzenbeete, die der medizinischen Anwendung zugeordnet waren, wie zum Beispiel ein Arzneipflanzenbeet für die Behandlung von Magenbeschwerden, eines für Verdauungsprobleme, eines für Atemwegserkrankungen und eines zur Stärkung von Herz und Kreislauf. Die geernteten Kräuter wurden gebündelt und zum Trocknen in spezielle Räume gebracht. Für »trocknen« stand im Mittelhochdeutschen das Wort »dróg«, die Urform unserer »Droge«. Folgerichtig entwickelten sich aus den Trockenräumen, in denen die Arzneipflanzen auch weiterverarbeitet wurden, die Klosterapotheken, die Drogen zur Heilbehandlung und Drogerieartikel wie Salben und Pasten herstellten. Und aus den Tinkturen wurden Riechstoffe, Parfüms und Kräuterliköre entwickelt.

Einen wunderbaren Einblick in einen frühen Klostergarten gibt uns Walahfrid Strabo (Strabo, der Schieler). Der Abt von Kloster Reichenau wurde um 808 geboren und ertrank während einer Gesandtschaftsreise 849 in der Loire. Ausgebildet in Reichenau und an der damaligen Eliteschule im Kloster Fulda beim berühmten Hrabanus Maurus, schrieb er in den späteren Jahren seines kurzen Lebens ein Lehrgedicht über seine gärtnerische Erfahrung im Umgang mit den Pflanzen, die er in seinem kleinen »Wurzgarten« zog. Sein Hortulus hat große Ähnlichkeit mit dem Herbularius des St. Galler Klosterplans. Genaueste Beobachtung über mehrere Jahre lassen darauf schließen, dass er seine Erkenntnisse kontinuierlich aufgeschrieben und verglichen hat. Walahfrid hatte zudem die spätantike Schrift des Quintus Serenus studiert, der in einem langen Lehrgedicht die Pflanzen eines Medizinalgartens und ihre Verwendbarkeit beschrieben hatte. Walahfrid erklärt jedoch keine exotischen Pflanzen, sondern nur solche

Heilkräuter, die in seinem Gärtlein auf der Reichenau auch gedeihen konnten und nützlich waren. In vierhundertvierundvierzig lateinischen Hexametern spricht er von der Schönheit und vom Nutzen seiner vierundzwanzig Heilpflanzen: Gartensalbei, Gartenraute, Eberraute, Flaschenkürbis, Honigmelone, Wermut, Andorn, Fenchel, Deutsche Schwertlilie, Liebstöckl, Kerbel, Weiße Lilie, Schlafmohr, Muskatellersalbei, Frauenminze, Minze verschiedener Arten, Poleiminze, Sellerie, Betonie, Odermenning, Ambrosia (Schafgarbe, Rainfarn), Katzenminze, Rettich, Rose.

Walahfrid schreibt nicht als Forscher, er dichtet als ein Mönch, der das Leben und die Menschen kennt. Als Hauslehrer war er an den Hof Kaiser Ludwigs des Frommen nach Aachen geholt worden und geriet zwischen die Mühlsteine der Politik, als die karolingische Einheit auseinanderbrach. Seine Treue und Gradlinigkeit erwarb ihm nicht nur Freunde. Wie aus seinen anderen Texten bekannt ist, litt er wahrhaftig nicht an Selbstüberschätzung, denn sein Sehfehler galt ihm und anderen als Makel. Wieder zu Hause im Kloster Reichenau, kümmerte sich der Frühgealterte um seinen Garten. Hier fand er Ruhe und Trost. Ein ruhiges Leben wünschte er sich. Doch wie er standhaft aus Überzeugung war, wird in den Worten seines *Hortulus* auch sein Verständnis als Mönch, Lehrer und Gärtner deutlich. Er weiß um die Wunder des Schöpfers, die sich in den Pflanzen, zumal den Blumen, zeigen. Wie der Gärtner sich um den Wildwuchs der Pflanzen kümmern muss, sorge sich der Erzieher um das Gedeihen der Menschen, damit die Herrlichkeit Gottes geschaut werden kann in den Werken seiner Schöpfung. Walahfrid ist welterfahren. Sein Vers über die Salbei-Pflanze spielt unverhohlen auf seine politischen Erfahrungen an, als er zur Mahnung, wenngleich im kunstvollen Vers, verallgemeinernd schrieb:

Mönch bei der Getreideernte. Französische Buchmalerei in der Initiale Q aus dem Kommentar zum Buch H ob (Gregor der Große, um 1100).

»Ewig in grünender Jugend zu stehen hat sie sich
   verdienet.
Aber sie trägt verderblichen Zwist in sich selbst;
   denn der Blumen
Nachwuchs, hemmt man ihn nicht, vernichtet
   grausam den Stammtrieb,
Lässt in gierigem Neid die alten Zweige
   ersterben.«

Seine Lehrverse sind zugleich Lobpreisung und
durch Erfahrung gesicherte Handlungsanwei-
sungen.

Bei der Gartenarbeit zur Ruhe kommen wollte
der gereifte Mönch. Der kleine, von einer Mauer
umschlossene Garten, der *hortus conclusus*, galt
im frühen Christentum als Sinnbild des Paradieses. Er war darum für die fromme Betrachtung
und Kontemplation bestens geeignet. Die Strukturierung der Anlage durch Beete und Wege
verdeutlicht die menschennötige Ordnung,
Disziplin und Grenze, Maß und Mitte. Der
locus amoenus, der anmutige Ort, lädt ein zur
Kontemplation und Askese. Mit dem Brevier in
der Hand meditierten die Mönche ihre Stundengebete in enger Beziehung zu den Bäumen und
Blumen, zu den Früchten und Kräutern, zu
Werden und Vergehen, Geburt und Tod, zu dem
göttlichen Gärtner, der alles in seinen Händen
hält.

Die Kraft dieses Gottes wird durch die Erde ver-
herrlicht, weil sie es ist, die den Menschen in allen
Belangen unterstützt, die der Körper braucht.
HILDEGARD VON BINGEN

Die Wiederentdeckung der Schriften Hildegards
von Bingen (1098–1179) in heutiger Zeit ist ein
weiteres Zeugnis für den Wunsch, das gute, ge-
sunde, ganzheitliche Leben für uns wieder zu entdecken. Nach dem Bibelwort: »Das Unsichtbare
Gottes wird durch das Erschaffene erschaut und
erkannt« (Röm 1,20) sieht Hildegard die Schöp-

fung in einem Gesamtkontext, der uns etwas
von der Größe und Herrlichkeit Gottes ahnen
lässt. Alles hängt mit allem zusammen. »Jedes
Geschöpf ist mit anderen verbunden, und jedes
Wesen wird durch ein anderes gehalten.« So auch
der Mensch. Ihm ist eine Schlüsselrolle zuge-
wiesen. Als denkendes und handelndes Wesen
muss er zur Verantwortung bereit sein. Die Liebe
Gottes, die Hildegard als die wesentliche kos-
mische Grundkraft versteht, lässt den Menschen
nicht fallen. Die *viriditas*, die als »Grünkraft«
benannte Heilungs- und Erneuerungsfähigkeit,
schenkt ihm Zuversicht und Stärke auf seinem
Weg, sich auf Gott hin zu verwirklichen.

FELDARBEIT

Die Klostergärten reichten natürlich nicht aus,
um den Konvent, geschweige denn Pilger, Gäste
und Kranke, zu ernähren. Nach der Rodung
mussten Felder angelegt werden. Es wurde ge-
pflügt, gesät und gemäht. Das Vieh brauchte
Weiden und Wiesen. Die Mönche im Kloster
Einsiedeln zum Beispiel wurden als Pferdezüch-
ter bekannt. Die Bauern bewirtschafteten in der
Frühzeit üblicherweise zwei Felder: das eine
wurde bestellt, das andere blieb ein Jahr brach
liegen, damit der Boden sich erholen konnte.
In der sogenannten Zweifelderwirtschaft brachte
immer nur die Hälfte des nutzbaren Ackerlandes
Frucht. Es waren die Zisterzienser, die das System
revolutionierten. Sie entwickelten die Dreifelderwirtschaft. Nun konnten zwei Drittel der Äcker
mit Hilfe des neuen Räderpfluges bestellt werden. Auf einem Drittel der bestellbaren Fläche
wurde im Herbst Wintergetreide, Roggen und
Weizen, ausgesät, auf dem zweiten Drittel wurde
Sommergetreide, Hafer und Gerste, und auch
Bohnen, Erbsen und Linsen angebaut. Das dritte
Drittel lag brach (die Brache) und konnte neue

»Hortus Sanitatis«. Aus dem Garten der
Gesundheit. Mainzer Inkunabelausgabe,
1491.

La. ccccc viij.

Sir siue qusir ara. gre. egilops vel
egilopa. Sera. li. aggre. cap. qusir
id est alkaleya siue aquileya. et est
herba cui⁹ folia sunt similia folijs frumeti
nisi qr sunt latora 7 molliora. 7 i sumitate
calami ei⁹ e seme nigr trib⁹ l' q̃tuor tuicis

La. ccccc ir.

Snea. Pandecta ca. lrrj. Aynech
siue alusne arabice. grece brion vl'
briu vel licena. latine vo vsnee vel
muscus arbor. Vsnee vel brio q̃ddã orit
in arorib⁹ sicut lanugo. 7 q̃ddã est vsnee
vel brion maris. 7 e lanugo q̃ orit sup pe
tras maris. Serap. li. aggre. cap. aynech
Aynech. i. musc⁹ qrcus 7 est res q̃ reperit

Kraft sammeln. Obwohl nun viel reichere Ernten eingefahren werden konnten, dauerte die allgemeine Umstellung der Bewirtschaftung bis ins 14. Jahrhundert. Für die Bauern bedeutete die Dreifelderwirtschaft höhere Erträge, mehr Sicherheit bei Ernteausfällen und größeren Schutz vor der früher nicht geringen Gefahr des Hungers. Mehr Stabilität und Nutzen ließ die Bevölkerung rasch wachsen. Aus ein paar Höfen wurden Dörfer, Marktflecken und erste Städte.

Du lässt Pflanzen wachsen für den Menschen, die er anbaut, damit er Brot gewinnt von der Erde.
Ps 104,14

Auch die Zisterzienser entwickeln ihre landwirtschaftliche Produktion immer effizienter. Die Besitzlosigkeit aller in Verbindung mit der Selbstverpflichtung zur Arbeit bei konsequenter Vermeidung von Verschwendung und gleichzeitiger Steigerung der Produktivität führt schon fast zwangsläufig zu Reichtum. Ihre Überschüsse aus der Nahrungsmittelerzeugung, Produkte aus der Schmiede, der Mühle oder Wolleproduktion, für die die englischen Klöster bekannt werden, verkaufen sie in klostereigenen Handelsstationen. Interessant ist, was die siebenundfünfzigste Regel des heiligen Benedikts zum Verkaufen sagt: »Soll etwas von diesen Arbeiten der Handwerker verkauft werden, so mögen die, welche den Verkauf besorgen, sich wohl hüten vor Unredlichkeit. (…) Hinsichtlich der Preise darf sich nicht das Übel der Habgier einschleichen. Man verkaufe vielmehr stets etwas billiger als Weltleute, ›auf dass in allem Gott verherrlicht werde‹ (1 Petr 4,11).«
So wurden die Mönche im Dienst ihrer Gottsuche zugleich zu Lehrmeistern in der Landwirtschaftsentwicklung. Die Kenntnisse über den verbesserten Ackerbau sind ohne die geistigen Leistungen

der Zisterzienserin Hildegard von Bingen oder des Botanikers und universalgelehrten Dominikaners Albertus Magnus gar nicht denkbar, der in seinem schon erwähnten Werk *De Vegetabilibus* (1256/57) zum Beispiel sowohl den Nutzen der Viehdüngung als auch der Humusdüngung (Kompostierung) beschreibt.

Aus Klostergärtnern und Landwirtschaftsbetreibern wurden im 12. Jahrhundert Landschaftsgestalter. Das fast sechstausend Quadratkilometer umfassende fruchtbare Land der Beauce südöstlich von Paris entstand durch die Arbeit der Mönche von Morigny. Das Bild der Toskana und anderer europäischer Landstriche wurde maßgeblich durch das Wirken der Mönche geformt. Der Benediktiner-Orden der Kamaldulenser, der um 1024 vom heiligen Romuald im Casentino, einem Gebirgstal bei Arezzo, gegründet wurde, pflanzt in den Bergen des Apennin heute noch jährlich etwa vier- bis fünftausend Bäume. Weil die Mönche das Pflanzen ihrer Bäume auch als Sinnbild des irdischen Verlangens nach dem Himmel verstehen, entwickelte sich ihre Forstarbeit zu einem der größten Waldgebiete Europas, das längst zum Nationalpark Foreste Casentine erklärt wurde. Versteckt in seinem Herzen leben und arbeiten die Mönche im Kloster und der Einsiedelei Camaldoli.

DIE MÜHEN DES TAGES

Die Zisterzienser wie auch die frühen Benediktiner waren zur Handarbeit verpflichtet. Die großen Landwirtschaftsbetriebe und baulichen Unternehmungen haben sie aber nicht alleine, nur durch ihrer Hände Arbeit, bewerkstelligt. Immer mehr lohnabhängige Handwerker halfen ihnen dabei. Doch täusche sich niemand über das harte, asketische Leben der Mönche. Entsprechend den

extremen Lebenserfahrungen der Zeit nennen auch die verschiedenen Regeln der Mönche die Härte von Kampf und Krieg als die der Askese entsprechenden Herausforderungen. Der Weg der Nachfolge Christi ist von niemandem ohne den Kampf gegen sich selbst zu beschreiten. Die täglichen Mühen bilden diese inneren Auseinandersetzungen ab. Zur Arbeitszeit von zweimal vier Stunden täglich sind die Gebetszeiten zu rechnen. Stets war das Gebet wichtiger als die Arbeit. Zu Bendedikts Zeiten kamen zur täglichen Arbeit noch acht Gebetszeiten hinzu. Die erste begann nach kaum vierstündigem Schlaf um etwa eine Stunde nach Mitternacht. In den langen Nächten der Monate November, Dezember und Januar schlief man etwas länger. Nonnen arbeiteten fünf Stunden täglich. Ihre Hauptbeschäftigungen waren Spinnen, Weben, Textil-, Garten- und Hausarbeit. Wie die Mönche schrieben sie Bücher ab und illustrierten sie. Außer dem Räderpflug mit Streichbrett und der Mühle gab es keine Maschinen. Vor allem die Zisterzienser machten sich die Energie des fließenden Wassers zunutze. Die Verwertung von Eisenerz haben sie entscheidend weiterentwickelt. Aus dem Grabstock ist irgendwann ein Spaten geworden. Hacke, Axt und Hammer waren die häufigsten Werkzeuge. Das heißt nach heutiger Rechnung: acht Stunden »Knochenarbeit« bei jedem Wetter, achtundvierzig Stunden in der Woche, in der Summe über viele Jahrhunderte lang. Die Arbeitsvorschriften in den Statuten der Zisterzienser erinnern moderne Historiker an die Arbeitsanweisungen in den Fabriken eines Henry Ford. Zwar war nach der Arbeit warmes Wasser bereitgestellt, um Hände und Gesicht zu waschen, aber es gab keine beheizten Räume, in die man sich zur Entspannung zurückziehen konnte. Für alle Mönche stand ein Wärmeraum als einziger »Komfort« zur Verfügung, der sie im Winter vor dem Erfrieren schützte. Zwischen den meterdicken Mauern des Klosters wird es ansonsten recht kalt und wohl auch feucht gewesen sein. Von Kloster-Wellness keine Spur. Trotz dieser Lebens- und Arbeitsbedingungen, die nach der Regel durchaus den örtlichen Gegebenheiten angepasst werden konnten, getragen und ertragen durch Veränderungen und Reformen, ist diese enorme kulturelle und zivilisatorische Leistung entstanden. Dabei hat es nie einen Aufstand der Mönche gegeben, nicht mal einen Streik. Und die Orden sind ihrem Auftrag und ihrer Grundstruktur bis heute treu geblieben.

In aller Munde

Noch vor wenigen Jahrzehnten gab es in der Öl-bildproduktion der Güteklasse »Verschönere dein Heim« das Motiv des rundlichen Mönches mit funkelnden Schweinsäugelein, rosigen Pausbäck-chen und Bierhumpen oder Weinpokal in der Hand als Sinnbild der Gemütlichkeit zu kaufen. Im Speisesaal der frühen Mönche kam keine Ge-mütlichkeit auf – und auch heute nicht. Was aber auf den Tisch kam, zeichnete sich durch Frische, Sauberkeit und Sorgfalt aus. Das sind die Grund-bedingungen für die Qualität der Klosterküche. Schon in dem erwähnten Edikt *Capitulare de villis*, der Krongüterverordnung Karls des Großen aus dem Jahr 795, war diese Qualitätsforderung festgeschrieben worden. Die präzisen Verordnun-gen fußten auf den Erfahrungen der Benediktiner. Selbst die Anlage und das Belüften der Viehställe wurden darin vorgegeben. Diesen umfassenden, ehrgeizigen für sein ganzes Reich geltenden Erlass hat Karl der Große nicht durchsetzen wollen, damit er auf Reisen immer gutes Essen bekäme, sondern damit sich die schrecklichen Erfahrungen der eben überstandenen Hungers-nöte nicht wiederholen sollten.

Unser tägliches Brot gib uns heute.
MT 6,11

Zwei Mahlzeiten eine mittags und eine am Abend, nahmen die Mönche nur in den etwa sechs Wo-chen Freudenzeit zwischen Ostern und Pfingsten zu sich. In den übrigen gut fünfundvierzig Wo-chen war Tag für Tag nur eine Mahlzeit vorgese-hen. Bauern und einfache Leute hatten durch-schnittlich vier verschiedene Speisen auf dem Tisch und an Festtagen auch acht und mehr. Den Herrschaften wurde meistens die doppelte Anzahl von Gerichten serviert, denn Speisen galten immer auch als ein Zeichen der sozialen Stellung.

Das mit zahlreichen Kaminen versehene, große Küchenhaus der Abtei Fontevrauld, (Küche der Äbtissin), Frankreich, 12. Jh.

Die neununddreißigste Regel Benedikts schreibt vor, dass zwei gekochte Speisen für die Hauptmahlzeit bereitet werden sollen, »dies mit Rücksicht auf die Schwäche der einzelnen«. Wenn frisches Obst oder Gemüse zur Verfügung steht, darf dies als drittes Gericht gereicht werden. Der Genuss des Fleisches vierfüßiger Tiere ist allen untersagt. Eine Ausnahme darf zur Stärkung Schwerkranker gemacht werden.

Auf der Reichsversammlung in Aachen im Jahre 817 wurden einige Beschlüsse gefasst, die in der Folgezeit auch für das Klosterleben von größter Bedeutung waren. Nicht nur wurden die Klöster auf die Benediktinerregel verpflichtet, es wurde auch bestimmt, dass kein Bischof einem Mönch befehlen darf, dass er Geflügel esse. Obst und Lattich, das ist die Stammpflanze des Kopfsalats, darf nur zur gewöhnlichen Essenszeit gespeist werden.

Zu den Grundnahrungsmitteln gehörten Gerste, Hafer, Erbsen, Bohnen, dazu Wurzelgemüse wie Rüben, Zwiebeln, Rettich, Porree, Kohl, Mangold, Rübenkraut und junge Brennesseln. Obst, das in der Zeit der Karolinger höchstens auf der Tafel der Vornehmen gelegentlich zu finden war, war im Spätmittelalter allgemein gebräuchlich. Kirsche, Pflaume, Zwetschge, Schlehe, Apfel und Birne, dazu Nüsse und Beeren bereicherten die Speisen. Brot war im 10. Jahrhundert noch ein Leckerbissen, doch hatte im 13. Jahrhundert auch der Arme Anspruch auf Brot und Wein. Die Hauptspeise war fast immer ein Brei, also Haferbrei, Bohnenbrei und der am häufigsten vertretene Erbsbrei.

Gekocht wurde in einem großen Kessel über offenem Feuer. Daraus wurde eine immer wieder mit dem, was gerade zur Hand war, ergänzte, häufig aufgekochte Brühe geschöpft. Diese unterschiedlich dicke Suppe war im Kloster als *companaticum*, das, was mit dem Brot gegessen wird,

bekannt. Nicht immer schwammen Fleischstücke darin. Unser heute beliebter *pot au feu* hat hier seinen Ursprung. Eier waren von jeher eine beliebte Speise. Die meisten Klöster haben allerdings niemals solche »Eierorgien« kennengelernt, wie die Mönche von Cluny, die alten Quellen zufolge an manchen Tagen bis zu dreißig Eier verputzt haben.

Als im Jahre 911 der deutsche König Konrad I. dem Kloster Sankt Gallen einen Besuch abstattete, sah der gedeckte Tisch ganz anders aus, wie in der Chronik Abt Ekkeharts IV (etwa 980–1060) *Casus Sancti Galli*, der »Vorfälle in Sankt Gallen« verzeichnet steht: »Am Tag der Kindlein [Tag der unschuldigen Kinder, 28. Dezember; A. d. V.] kam der König mit zwei Bischöfen in den Speisesaal der Brüder und richtete an die Mönche, die vor ihm aufstanden, einige fröhliche Worte: ›Mit uns werdet ihr zu teilen haben, ob ihr wollt oder nicht.‹ Den Dekan aber, der für ihn den Abtstisch freimachen wollte, umarmte er, hielt ihn zurück und setzte ihn neben sich. Er nahm, was man ihm vorsetzte, blickte ringsum alle an, lachte ihnen zu und sagte: ›Einstweilen wollen wir hier teilnehmen.‹ … Dann befahl er dem Propst, ihm nichts anderes vorzusetzen als was für die Brüder hergerichtet war. Der sagte: ›Ach König, es ist ein großes Unglück für uns, dass du nicht den nächsten Tag abgewartet hast. Morgen nämlich werden wir vielleicht Brot und enthülste Bohnen bekommen, aber heute nicht.‹ – ›Immerhin‹, sagte der König, ›wird Gott auch morgen sich über euch erbarmen können.‹« Es gab an diesem Samstag, der kein Fasttag war, nur wieder Brei. Brot und Gemüse waren noch nicht einmal für den nächsten Tag, immerhin auch kein Fastensonntag, vorgesehen, obwohl die Regel das doch zugelassen hätte. Das Klosteressen war normalerweise alles andere als üppig.

Die reichen Blumen-, Blüten- und Ranken-Verzierungen im Netzgewölbe der Kirche von Rapperswil, Schweiz, sind ein irdisches Sinnbild für den Garten des himmlischen Paradieses.

Meine Töchter, verzagt nicht! Wenn euch der Gehorsam viele äußere Verrichtungen auferlegt, etwa in der Küche, so wisst, dass der Herr auch in der Küche inmitten der Töpfe euch nahe ist und euch innerlich und äußerlich gleichermaßen beisteht.

Teresa von Avila

Die Mönche mussten früh lernen, zu improvisieren. Die Vorratshaltung musste nicht nur des Winters wegen, sondern auch wegen der unberechenbaren Gästezahl optimiert werden. Das Vieh konnte nur schwerlich über die kalte Jahreszeit gebracht werden. Darum gab es gegen Ende des Herbstes die Schlachtfeste. Fleisch und Fisch wurden eingepöckelt, geräuchert oder getrocknet. Der amerikanische Küchenchef Anthony Bourdain (* 1956) erzählt in einem seiner Bücher von der Schlachtung eines Schweins auf einem portugiesischen Bauernhof. Letztendlich, schreibt er, seien von dem Schwein vielleicht zweihundert Gramm nicht verwertet worden. Alles ist nützlich, alles wird gebraucht und verwertet, um den Hunger abzuwenden. Die Reichhaltigkeit der europäischen Küche entspringt der Armut. Denn die macht erfinderisch. Ebenso wie der amerikanische Koch im Jahre 2000 haben wir heutigen Esser keine Verbindung mehr zu den Ursprüngen unserer Nahrung. Die Klosterküche hilft uns wieder zu erfahren, woher unser Essen kommt. Obst wurde gedörrt, Kräuter getrocknet. Aus dem Saft unreifer Weintrauben und unreifer, saurer Äpfel wurde zusammen mit Wein eine Würzbrühe namens *Agraz* zubereitet, die zwar gut zu hellem Fleisch und Fisch schmeckt, die aber auch zum Konservieren geeignet ist. Ein Vorläufer des Essigs und heute als *Agrest* (ital. *agresto* von *agro*: sauer) als geschmackvolle Säure für die gehobene Küche zu kaufen. Kraut wurde in Holzfässer eingelegt zwar sauer, blieb aber genießbar. Außerdem wurden lange haltbare Fleisch- und Fischsülzen

hergestellt. Äpfel auf frischem Stroh in einem trockenen Keller gelagert und ab und zu kontrolliert, hielten sich über Monate. Aus dem Jahr 1487 ist ein Bericht erhalten, in welchem der italienische Reisende Paolo Santonino seine Verwunderung über den Geschmack eines frischen Apfels aus der letzten Saison mitteilt, den er im Kartäuserkloster Seitz in der Untersteiermark (heute Slowenien) genossen hat.

Der Käse

Milchprodukte wie Käse waren von alters her bekannt. Auch die Klöster produzierten Käse, doch scheinen in der Frühzeit Europas selbst hochgestellte Persönlichkeiten selten seine Bekanntschaft gemacht zu haben. In der *Vita Caroli Magni* des Einhard wird berichtet, dass Karl dem Großen während einer Reise ein schöner, cremiger Käse serviert wurde, der eine feste Rinde hatte. Er aß mit Genuss das weiche Innere des Käses und schob die Rinde beiseite. »Warum lasst Ihr das Beste stehen?«, fragte verwundert der Gastgeber, ein Bischof. Der Kaiser kostete die Rinde, lobte ihren guten Geschmack und forderte den Bischof auf: »Schickt mir von diesem Käse jedes Jahr zwei Wagenladungen nach Aachen!« Drei Jahre suchte der unglückliche Bischof gewissenhaft im ganzen Land, ohne einen Käse solcher Qualität zu finden. Karl der Große erbarmte sich endlich, entband ihn von seiner Pflicht und belohnte ihn »mit einem vortrefflich Gut, reich an Korn und Wein«. Heute würde der Bischof nicht mehr in die Verlegenheit kommen, seinen Gästen nicht des öfteren einen qualitätvollen cremigen Käse servieren zu können. Zahlreiche Abteien stellen Käse der verschiedensten Sorten wie den Saint-Nectaire, Saint-Paulin, den Andechser-, Ettaler-, Rotter-, Engelberger-, St. Galler-Klosterkäse in bester

49

Die ehemalige Kartause Buxheim bei Memmingen im Allgäu, gegründet um 1100, seit 1402 Kartäuserkloster; im Vordergrund ein typischer Klostergarten.

Qualität her. Ein echter Monasterium-Käse ist der »Munster« aus dem Elsass und der deutsche Münsterkäse. Viele Käseschachteln tragen das Bild eines Mönches.

DAS BROT

Zum Brot hatten die Mönche entsprechend der biblischen Tradition ein enges Verhältnis. In der sogenannten »Magisterregel«, die in Italien seit dem 6. Jahrhundert bekannt wird, werden auch die Mahlzeiten wie viele Verhaltensweisen im Kloster ritualisiert. Das Brot liegt in einem Korb, der über dem Tisch des Abtes hängt. Zu Beginn des Mahles wird der Korb herabgelassen und der Abt segnet die Gabe, »die vom Himmel kommt«. Möglicherweise hat die heute noch bekannte Redewendung »vom Brotkorb, der zu hoch hängt« hier ihren Ursprung. Im Mittelalter ersetzte auch in den Klöstern die Scheibe Brot den Teller, respektive das Essbrettchen. Aus Roggen- oder Hafermehl gebacken war es auch das übliche Bauernbrot. Gerstenbrot war für die besseren Leute. Die »Breze« oder Brezel stammt wohl auch aus der Klosterbäckerei. Den Bruder Bäckermeister regten die gekreuzten Arme der Mönche an, dieses Bild in Teig zu formen. Kreuzten die Mönche ihre Arme vor der Brust, nannten sie diese Demutshaltung *Brachitum*, abgeleitet vom lateinischen Wort für Arme *braces*, woraus die Breze wurde. Als Devotionalgebäck gehört sie zu den Fastenspeisen. Das weiße Weizenmehl, *semel* genannt, wurde nur mit Wasser gemischt und damals wie heute zum Backen der Hostien benötigt. In keinem anderen Nahrungsmittel wird die Nahrung für Körper und Seele so sinnfällig wie im Brot. »Unser tägliches Brot gibt uns heute« bitten die Christen. Auch dieses seit zweitausend Jahren gesprochene Gebet weist auf die leibliche und seelische

Bedürftigkeit des Menschen hin. Brot war schon im Judentum heilig. Das Brot brechen, das Brot miteinander teilen ist Ausdruck des Friedens und der Gemeinschaft und erinnert an das Abendmahl. Die Ordensbrüder nehmen die ihnen vom Abt zugewiesenen Plätze ein. Der Tischsegen, das Gebet vor Einnahme der Mahlzeit und das Dankgebet nach dem Essen, entstammen den klösterlichen Gebräuchen. Die »gesegnete Mahlzeit« wurde schweigend im Refektorium eingenommen. Alles zum Essen Notwendige sollte so auf den Tisch gestellt sein, dass es jeder Mönch ohne mündliche Äußerungen, es sei denn durch Handzeichen, erreichen konnte. Während der Mahlzeit hat ein Mönch den Wochendienst für die tägliche Lesung.

AM ESSTISCH

Der Esstisch ist immer auch ein Sinnbild des Altars. Hier versammelt sich, »wer zum Tisch des Herrn geladen« ist, wie es in der Bibel heißt. Tischtuch und Tischschmuck haben ihre Vorbilder vom Altar. Auf den Tischen im Refektorium des Klosters lagen wegen der gebotenen Einfachheit keine Tischdecken wie späterhin bei der besseren bürgerlichen Gesellschaft. Die Tischdecke ist meistens weiß und ist das sichtbare Zeichen für die Sauberkeit im Haushalt. Benedikt bestimmt in der fünfunddreißigsten Regel, dass sich die Brüder gegenseitig bedienen sollen. Wer Küchendienst hatte, stellte eine Schüssel für zwei Brüder hin. Ebenso füllte er einen Becher für zwei Mönche. Ein Messer führte jeder Mönch als täglich zu benutzendes Handwerkszeug mit sich. Zum Essen war für jeden ein Löffel bereit gelegt. Zu zweien aus einer Schüssel zu essen verlangt ein hohes Maß an Disziplin. Da die Mönche auch aus einem Becher trinken mussten, waren sie verpflichtet, sich vor jedem Schluck mit der Serviette den Mund zu wischen, damit sie keine Essenspuren am gemeinsamen Becher hinterließen. Die bürgerliche Gesellschaft hat sich bei diesen Sitten und Gebräuchen sehr konsequent an den klösterlichen Handbüchern für den liturgischen Gebrauch orientiert.

Eine Gabel gab es nur in der Landwirtschaft und in der Form des Bratspießes. In Italien findet die miniaturisierte Gabel für den Gebrauch bei Tisch erst am Ausgang des Mittelalters vereinzelt Verwendung. Martin Luther ruft 1518 aus: »Gott behüte mich vor Gäbelchen!« Kein Wunder also, dass die Gabel an unseren Tischen erst allmählich seit dem 17. Jahrhundert genutzt wird. In den meisten Landstrichen Europas ist sie noch im 18. Jahrhundert eine Seltenheit. Dass die einfachen Leute noch lange auf den Gebrauch der Gabel verzichten konnten, lässt ein Vers vermuten, den der Kabarettist, Liedermacher und Lyriker Hans Dieter Hüsch aus seiner niederrheinischen Heimat überliefert:

Mit de Gaffel is mehr Ehr,
Mit de Fingersch kriech ma mehr.

Die Bauern und schlichten Bürger konnten sich nicht vorstellen, dass die Gabel in den frühen Verwendungszeiten für etwas anderes zu gebrauchen sei als für das Aufpicken von Früchten und Konfekt am Tisch einiger Reicher, schon gar nicht zur Hilfe beim Verzehr des Hauptgerichtes.
Der große Humanist Erasmus von Rotterdam (1469–1536) gehörte – wie auch Martin Luther (1483–1546) – dem Orden der Augustinerchorherren an. Es dürfte darum nicht verwundern, wenn Erasmus neben seinen theologischen und philosophischen Schriften in seinen Erziehungsratgeber *De civilitate morum puerilium* die Tischsitten als richtig anerkennt, die er aus dem Kloster in die Allgemeinheit übertragen kann:

man setze sich ohne Hut zu Tisch, der Becher stehe rechts vom Teller, rechts liege auch das Messer, links das Brot; man trinke nicht vor dem Essen, man sage »bitte« und »danke«, schlinge nicht, lehne nicht brüsk das Dargereichte ab. 1471 wird die Schrift der Augsburger Bürgertochter Clara Hätzerlin mit dem Titel »Von tisch zucht« bekannt. Ihre Vorschriften zur Etikette übernehmen Anordnungen des Klosters. Dort bestimmt der Abt die Sitzordnung, hier werden die Plätze vom Gastgeber zugeteilt – wie wir es auch seit Jahrhunderten handhaben. Vor dem Essen reinige man sich symbolisch die Hände. Danach wird das »Benedicite« nach dem biblischen Lobgesang der drei Jünglinge (Dan 3,52) gesprochen. Sie ermahnt die Essensteilnehmer, ihr Messer nicht mit dem Tischtuch abzuwischen oder sich in die Tischdecke zu schnäuzen. Ähnliche Unsitten beklagt 1494 Sebastian Brant in seinem »Narrenschiff«. Man sieht, dass sich die klösterlichen Tischregeln nicht alle gleich durchsetzen konnten, denn die Mönche gebrauchten für den Mund die Serviette und für die Nase ein Tüchlein.

VOM WEIN

Nicht jeder Weintrinker in Europa wird ein guter Christ sein. Doch den Benediktinern sollte er aus vollem Herzen danken. Sie haben nach den Römern den Weinbau in Europa verbreitet und kultiviert. Die Zisterzienser brachten den südlichen Wein ins Burgundische, an die Loire und bis nach England. Die Cluniazenser bauten Wein in Ungarn an. Selbst im mecklenburgischen Kloster Doberan wurde Wein angebaut. Das Klima war damals bedeutend wärmer. Erst die sogenannte Kleine Eiszeit, die gegen Ende des 15. Jahrhunderts begann, machte dem Weinanbau in den nördlicheren Landstrichen ein Ende.

Weinlese; reich verzierte Initiale E aus dem in der Zisterzienserabtei Cîteaux, Burgund, Frankreich, geschriebenen Kommentar zum Buch Hiob (Gregor der Große, um 1100).

EXPLICIT LIBER DVODECIM⁹;

INCIP̄ LIB̄ ·XIII·;

S

SE

ħOC

PVERSORV̄ PPRIV̄

Auch in Italien bemühten sich Mönche um die Kultivierung der Trauben. Viele berühmte italienische Weine sind den Mönchen zu verdanken: der Frascati und der Valpolicella, der Freisa und der Gargano. Die Jesuiten haben den Lacrima Christi gekeltert. Über Jahrhunderte entwickelten sich die Orden zu den Meistern des Weinbaus. Die Zisterzienser legten in Deutschland die ersten Weinterrassen an. Ein Schriftstück zur Gründung des Klosters Muri in der Schweiz im 11. Jahrhundert belegt die Experimente und angewandten Techniken im damaligen Weinbau. Ohne Zweifel waren die Orden bis ins 18. Jahrhundert maßgebend in der Veredlung der Reben, der Kelter- und Kellereitechnik.

Qui bon vin boit – Dieu voit.
Schenkst du Guten ein,
schaust du Gott im Wein.
Spruch der Zisterzienser

Die Weinbauern im Markgräflerland im südlichen Teil des Schwarzwaldes erklären, dass die Weinstöcke des »Gutedels« schon im alten Ägypten gediehen. Der Wein als Lebenssaft, wie er im Alten Testament geschildert wird, geht auf die Symbolik der Sumerer zurück, die mit einem Weinblatt das Zeichen für »Leben« darstellen. »Ich bin der Weinstock«, sagte Jesus von sich, und an diesem Weinstock wollten die Menschen ideell und tatsächlich teilhaben. Hat er nicht sein erstes Wunder vollbracht, indem er Wasser zu Wein verwandelte? Hat er beim letzten Abendmahl seinen Jüngern nicht Brot und Wein zum Abschied gereicht? Und hat er den Wein nicht geheiligt, indem er ihn »mein Blut« nannte?
So wurde der Wein in die Liturgie eingesetzt. Die Klöster benötigten Wein für die heilige Messe. Waren die Klöster groß und gingen hundert, ja dreihundert Mönche zur Kommunion, musste

ein entsprechender Vorrat bereit stehen. Auch die Gläubigen kommunizierten über Jahrhunderte mindestens dreimal jährlich unter beiderlei Gestalt.
Weite Wege, schlechte Straßen, hohe Zölle, viele Räuber machten den Transport des Weines aus den südlichen Anbauregionen nach Norden wenn nicht ganz unmöglich, dann auf jeden Fall zu teuer. Die Klöster mussten Weinfelder anlegen. Nur die Klöster jenseits der nördlichen Anbaugrenze, die in Schottland und Skandinavien, mussten den Wein bei den südlichen Nachbarn kaufen. Im 10. Jahrhundert besaß jedes Kloster eigene Anbauflächen. Im 15. Jahrhundert war der Wein als populäres Getränk in Europa weit verbreitet. Einen guten Becher Wein verachtete auch Martin Luther nicht. »Den Toten Wein, den Lebenden Wasser! So heißt die Regel für Fische!« (Tischreden; Weimarana, 2696), rief er den Kostverächtern zu. Es scheint in dieser Zeit ein in Deutschland gut geübter Brauch gewesen zu sein, sich nach dem Sonntagsgottesdienst im Pfarrhaus zum Umtrunk beim Wein zu treffen. Ein Brauch, der in katholischen Gegenden mit Wein oder Bier als »Frühschoppen« weiterlebt, wenngleich nicht im Pfarrhaus, sondern im Gasthaus gleich neben der Kirche. Die Schelte, dass die deutschen Säufer seien, stammt auch aus diesem Jahrhundert. Die Mönche werden von dieser Kritik nicht ausgenommen. Allerdings vermerkt der erfahrene Reisende Sanantonio in seinen Aufzeichnungen aus vielen Jahren nur ein einziges Mal die Trinkfreude eines *clericus alemanus*.

Kapitelsaal der ehemaligen Abtei von
Beaulieu en Rouergue, Tarn-et-Garonne,
Frankreich.

ALLES MIT MASS

Schon der Apostel Paulus empfiehlt im ersten Brief an Timotheus: »Trink nicht nur Wasser. Nimm auch etwas Wein, deinem Magen zuliebe und weil du oft krank bist« (1.Tim 5,23). Vielleicht hat Benedikt an diese Bibelstelle gedacht, als er im vierundvierzigsten Kapitel seiner Regel das Maß des Getränkes bestimmte. Da heißt es: »Jeder hat seine besondere Gabe von Gott, der eine von dieser, der andere von jener Art (1. Kor 7,7). Deshalb bestimmen wir nur mit einer gewissen Ängstlichkeit das Maß der Nahrung für andere. Indes glauben wir mit Rücksicht auf die Schwachen, es genüge für jeden im Tage eine Hemina [römisches Maß, fasste 0,27 Liter; A.d.V.] Wein. Wem Gott aber die Kraft gibt, sich davon zu enthalten, der darf wissen, dass er besonderen Lohn empfangen wird. Wenn Ortsverhältnisse, Arbeit oder Sommerhitze mehr erheischen, so stehe es im Ermessen des Abtes, mehr zu geben. Doch soll er stets darauf achten, dass keine volle Sättigung oder Trunkenheit vorkomme. Wir lesen [in den Texten der Wüstenväter; A.d.V.] freilich, dass der Wein für Mönche überhaupt nicht passe; doch da die Mönche unserer Tage sich davon nicht überzeugen lassen, wollen wir uns wenigstens dazu verstehen, nicht bis zur vollen Befriedigung zu trinken, sondern etwas weniger: Der Wein verleitet ja selbst Weise zur Sünde (Sir 19,2). Wenn es die örtliche Armut mit sich bringt, dass sich das oben erwähnte Maß nicht oder viel weniger oder überhaupt gar nichts beschaffen lässt, dann mögen die dort Wohnenden Gott preisen und nicht murren. Vor allem warnen wir alle vor dem Murren.«

Es ist davon auszugehen, dass die Klöster in Italien, Spanien, Frankreich, Deutschland, Schweiz, Österreich und Ungarn gut mit Wein versorgt waren. Im 12. Jahrhundert beginnt der Weinhandel sich in Deutschland zu verbreiten.

Die Händler importieren auch schwere südländische Weine aus Griechenland, Süditalien und sogar aus Zypern. Bis sie zu ihren Abnehmern gelangen, ist ihr Preis erheblich gestiegen.

Der übliche heimische Landwein war in Geschmack und Qualität mit unserm heutigen Anspruch ganz und gar nicht zu vergleichen. Wie die Weine des klassischen Altertums waren sie Gewürzlaugen ähnlicher als edlen Rebensäften, urteilt Wolfgang Schievelbusch in seiner Geschichte der Genussmittel. Wie Tee wurden sie mit verschiedenen Ingredienzien aufgekocht und dann abgegossen. Die Weine waren äußerst unterschiedlich. Darum wurde viel experimentiert. Um 1450 wurde im Weinbuch der Abtei Biburg in Niederbayern aufgeschrieben, welche Kräuter sich zur Herstellung von gesundheitsfördernden Würzweinen eignen: Wermut, Helenenkraut, Salbei, Raute, Polei und andere Minzen. Kühl oder als Glühwein getrunken, entstanden bald viele Getränke auf Weinbasis. Essig und Branntwein wurden im 14. Jahrhundert bekannter. Beide wurden (auch) zu Heilzwecken benutzt.

Auch die Kartäuser in der 1084 bei Grenoble gegründeten Abtei Grand Chartreuse experimentierten mit Wein, Kräutern und Gewürzen. 1605 probierte Bruder Jérome Maubec einige Kombinationen aus. Aus bestem Weinbrand und einhundertdreißig Kräuterwirkstoffen entstand eine gelbliche Wundermedizin, *chartreuse jaune* (43 Vol.-%) – später »König der Liköre« genannt – und ein grüner Heiltrank namens *chartreuse verte* (55 Vol.-%). Das Geheimnis der Zusammensetzung kannten nur fünf Kartäuser zu jeder Zeit, und von denen verstand sich nur einer auf die vierfache Destillation. Die Destillate der Apotheker-Mönche wurden als Lebenselixiere begriffen. Die *aqua vitae* waren hochgeschätzte Herzmittel.

Ein Bier brauender Mönch. Aus dem Hausbuch der Mendelschen Zwölfbrüderstiftung, Nürnberg, um 1425.

Andere Abteien kamen zu ähnlichen Ergebnissen, die auch heute noch berühmt sind, wie zum Beispiel die *Ettaler Klosterliqueure*, seit dem Mittelalter aus vierzig Heilkräutern ohne künstliche Zusätze hergestellt. Der *Benedictine* wurde 1510 von einem Pater in Venedig aus dreiundzwanzig Kräutern destilliert. Die barfüßigen Karmeliten in Paris erfanden das Melissenwasser und die Jesuaten in Venedig den Aquavit. Aus dem deutschen Wort Branntwein, Brandewin, wurde der englische Begriff Brandy.

Nicht vergessen sei hier der Vater aller Champagner, Sekte und Proseccos, der berühmt gewordene Benediktinermöch und seit 1668 Kellermeister der Abtei Hautvillers (bei Epernay an der Marne), Dom Pérignon. Er hat das kontrollierte Moussieren des Weines, die *méthode champenoise*, zumindest maßgeblich mitentwickelt. Die Überlieferung erzählt, er soll beim ersten Schlucken des neuen Kohlensäure-Weins ausgerufen haben: »Ich trinke Sterne!« Er gilt als Erfinder des Cuvée. Er stellte durch Experimentieren mit verschiedenen Weinmischungen fest, dass der Wein durch Verschnitt mit verschiedenen Traubensorten deutlich an Qualität gewann. Er entwickelte die Halterung des unter Druck stehenden Korkens, die Agraffe. Den neuen Wein füllte er in dickwandige Flaschen und lagerte den Champagner in den Kreidehöhlen in der Nähe des Klosters.

Aber es geht auch ohne Alkohol, wie das Stärkungsmittel *Alexion* beweist, das auch heute noch in der provencalischen Abtei Aiguebelle aus 52 Kräutern hergestellt wird. Zahlreiche Tinkturen und Pflegemittel wurden in den Abteien entwickelt. Und neben Herz und Kreislauf stärkenden, den Gaumen erfreuenden Getränken entstanden auch heute noch lieferbare Parfümdüfte in der Klosterapotheke, die die stark strapazierten Nasen der Menschen entzückten.

BIER IST EIN NAHRUNGSMITTEL

Wo es keinen Wein gibt, von dem sonst jeder eine Hemina trinken darf, wird eine Doppelhemine guten Bieres verabreicht.

So wurde es in dem Mönchskapitular auf der Reichsversammlung in Aachen am 10. Juli 817 beschlossen. Jedem Mönch standen nun statt Wein 0,54 Liter Bier zu.

Bier ist ein uraltes Getränk. In den meisten Ländern kannte man das aus Korn gebraute Bier. Wo es genug Honig gab, braute man auch Met. Dazu wurde Wasser mit Honig gekocht und vergoren. In der Edda wird den Göttern der Wein, den Irdischen das Bier und den Bewohnern des Totenreichs der Met zugesprochen. Met war bis ins 12. Jahrhundert das Volksgetränk schlechthin. Bier herzustellen war ein viel aufwändigerer Prozess. Hafer und Gerste gehörten dazu, eventuell auch Weizen, um nach dem Kochen der keimenden Körner den Malzextrakt zu gewinnen. Wenn dann, wie wohl erstmals im 11. Jahrhundert in Brabant, Hopfen dazugegeben wurde, verbesserte sich der Geschmack und die Haltbarkeit des Bieres deutlich und man sprach ihm heilkräftige Wirkung zu.

Doch früher braute man noch ohne Hopfen. Meistens ein dünnes Haferbier mit oder ohne Honig. Wohl in jedem Haushalt wurde Bier in einem Kessel gebraut. »Heute back' ich, morgen brau' ich«, singt das Rumpelstilzchen im Märchen der Brüder Grimm. Backen und brauen waren Aufgabe der Hausfrau. Die tägliche Biersuppe gehörte zur Grundnahrung. Vor Einführung der Kartoffel, die mit dem »Kartoffel-Befehl« Friedrichs II. am 24.3.1756 in Deutschland per Erlass angebaut werden musste, war das Bier neben dem Brot viele Jahrhunderte lang das Hauptnahrungsmittel in Mittel- und

Nordeuropa. Zwar bevorzugten die besseren Herrschaften den Wein, doch 1551 schreibt Johann Bretschneider, dass manche mehr vom Bier als vom Essen leben. Möglicherweise machte der Bierkonsum auch deutlich, wie man auf praktische Weise das Angenehme mit dem Nützlichen verband. Historiker sind der Meinung, dass die Trinkwasserqualität in den frühen Zeiten nicht gut war. Ganz sicher entsprach sie nicht dem heutigen Standard. Wasserleitungen, wenn es welche gab, waren oft aus Holz. Waren sie aus Blei, hatte das Wasser einen entsprechenden Geschmack. Es scheint also möglich, das ein erfrischendes Getränk, welches durch den Gärprozess schädliche Mikroben abtöten konnte und keine Krankheiten verursachte, ganz einfach die größte Akzeptanz fand.

Bier gehörte schon immer zum Leben. Auch in den Klöstern wurde Bier gebraut. Der Klosterplan von St. Gallen sieht drei Brauereien im Klosterbezirk vor. Zwar wurde der Plan nicht so verwirklicht, doch Abt Ekkehard IV., der große Geschichtsschreiber von St. Gallen, berichtet um 1060 in seinen Aufzeichnungen *Casus Sancti Galli* von drei Brauhäusern und einem Kornspeicher. Die Benediktiner brauten drei Sorten St. Gallener Bier: das kräftige *Cella* aus Gerste oder Weizen oder aus beidem, gedacht für hohe Gäste und den Abt; *Cerevisia* oder *Cervisa*, das leichte Haferbier, für die Mönche und Pilger; und einen dünnen Absud vom Rest der Würze der stärkeren Biere, dem noch frisches Hafermalz zugesetzt wurde, für Dienstleute und Bettler, später auch in anderen Klöstern *Conventus* genannt.
Hildegard von Bingen beschrieb den Nutzen des Hopfens und seine Wirkung im Bier. Sie empfiehlt das Bier wegen seiner vielen guten Eigenschaften, »weil es den Mut hebt und die Seele erneuert«.

Auch in den Nonnenklöstern wurde Bier gebraut. Weil das Bier nicht lange gelagert werden konnte, wurde es stets sehr frisch getrunken. Lagerbauten für das Bier in Fässern wurden erst mit der Verwendung des Hopfens im 12. Jahrhundert gebaut.
Der bekannte Nährwert des Bieres kam den Benediktinern während der rund einhundertvierzig Fastentage besonders zugute. *Liquida non frangunt leuneum*, Flüssiges bricht das Fasten nicht – diese befreiende Richtlinie spornte die Mönche an, immer nährstoffreichere Biere zu entwickeln. Besonders in den vierzig Fastentagen vor Ostern wurde Starkbier ausgeschenkt. Allein in Bayern gab es weit über hundert Klosterbrauereien. Die berühmteste ist dort heute noch die Brauerei im Kloster Andechs. Biernamen wie »Franziskaner«, »Paulaner«, »Salvator« zeugen in unseren Tagen ebenfalls von der großen klösterlichen Brautradition. Von großer Bedeutung ist auch das Brauwesen der Trappisten. Heute gibt es noch sieben Trappistenbiere, die fast alle aus Belgien stammen. Die Mönche achten rigoros auf Qualität und brauen immer nur bestimmte Mengen. Es ist ihnen wichtiger, die eigenen strengen Braukriterien zu erfüllen. Außerdem wollen sie vom Verkauf des Bieres nicht reich werden. Der Erlös des Bierverkaufs fließt sozialen Zwecken zu.

Im Spätmittelalter entstanden vor allem in den mittel- und norddeutschen Landschaften mit nur geringen Weinbauflächen große öffentliche Brauereien zu Deckung des kommunalen Bedarfs. Einen guten Ruf erwarb sich das Einbecker Starkbier, nach dem Ort seiner Herkunft kurz »Bock« genannt.
Wenn auch für den täglichen Bierkonsum einer englischen Familie in der zweiten Hälfte des 17. Jahrhunderts drei Liter Bier pro Kopf ermittelt wurden, darf man daraus nicht schließen,

...et dura et suavia verba   Verbera tunc adhibe cum ratione bona.

...ort, brauch harte wort,   Dann wend ahn streich mit rechter mas,
...faule noch nicht fort.   Das er fort komm und lerne bas.

dass auch den Mönchen solche Mengen generell zukamen und sie all ihr schönes Bier alleine tranken. Der »Bruder Lustig« ist allerdings auch keine Erfindung der Ordensgegner. Da der kontrollierte Gärprozess noch nicht entwickelt war, dürfte der Alkoholgehalt und die Geschmacksqualität des Bieres nach der Zufallsgärung ohne den Einsatz der wohl noch nicht bekannten Hefe sehr viel geringer als heute gewesen sein. Deshalb wurden dem Bier häufig die unterschiedlichsten Geschmacksverstärker, Steinwurz, Kümmel, Harz, Salz und sicher noch manch andere Kräuter und Gewürze zugemischt. Diese Bierpanscherei führte in Deutschland zu Erlassen gegen den Ausschank von schlechtem Bier (Augsburg 1156) und zum ältesten städtischen Reinheitsgebot, das 1348 in Weimar erlassen wurde. Darin wird verordnet: Der Braumeister soll das Malz ordnungsgemäß abmessen. Auch soll kein Brauer etwas anderes als Malz und Hopfen zu seinem Biere tun. 1474 verlangt die Münchener Bieraufsicht, die schon im Jahr 1363 vom Stadtrat eingesetzt worden war, dass zum Bierbrauen nur Gerste, Hopfen und Wasser verwendet werden dürfen. Das führte zu dem am 23. April 1516 verkündeten und alle bayerischen Brauer verpflichtenden Reinheitsgebot, zum Brauen des Bieres nichts als Gerste, Hopfen und Wasser zu verwenden. Dieser verbindliche Qualitätsstandard setzte sich allmählich in ganz Deutschland durch. Als das Bier haltbar und transportabel wurde, ließen sich nicht selbst benötigte Mengen gut verkaufen. Den größten Bedarf aber hatten die Klöster für den kostenlosen Ausschank in ihren Hospitälern, an Arme und an Pilger. Dass jährlich bis zu zehntausend Bedürftige von einem Kloster versorgt wurden, belegen die Haushaltsbücher und Bestelllisten aus alter Zeit.

VOM FASTEN DER MÖNCHE

Das Fasten ist der Friede für den Körper, die Zierde der Glieder, der Schmuck des Leibes. Es ist die Kraft des Geistes, die Stärke der Seelen.
PETRUS CHRYSOLOGUS

In den meisten Religionen gilt das Fasten als eine bewusste Übung des Verzichts. Gingen die frühen Mönche hinaus in die Unwirtlichkeit der Wüste, so ließen sie sich nicht in fruchtbaren Oasen nieder, sondern an Plätzen, an denen ihnen die Entsagung von Natur aus auferlegt war. Das Kloster war trotz aller Weltabkehr dennoch ein angenehmerer Ort, an dem zumindest eine gewisse Grundversorgung sichergestellt war. So wie Jesus in der Wüste während vierzig Tagen mit den Versuchungen des Satans kämpfte, wie es Markus im Evangelium berichtet, so ist die Fastenzeit eine bewusste Antwort auf die Versuchungen des Geistes und des Leibes. Wurde im Frühchristentum mittwochs und freitags in Erinnerung an das Sterben Jesu gefastet, so hat im 4. Jahrhundert der Kirchenlehrer Athanasius das vierzigtägige Fasten zur Aufgabe gemacht. Die Zeit von Aschermittwoch bis Ostern gilt in der westlichen Christenheit als die Fastenzeit schlechthin. Auch an den drei Bitttagen vor Christi Himmelfahrt, am Freitag und am Vorabend hoher Heiligenfeste wurde gefastet. Als Vorbereitung auf die Würdigung und Anteilnahme am Geschehen der hohen Festtage im Kirchenjahr fastete die römische Kirche auch vor Weihnachten und vor dem Empfang der Kommunion. So wurde das ritualisierte Fasten auch verstanden als eine Reinigung des Geistes und des Leibes, als ein bewusstes Opfer und ein Zeichen der Sühne.

Schon in der Frühzeit war man sich der positiven Wirkung des Fastens auf den Körper durchaus bewusst. Doch ist zwischen bewusster Abstinenz und rigoroser Askese noch ein großer Abstand. Die Mönche waren gehalten, sich außerhalb der verbindlichen Fastenzeiten in selbstauferlegter Abstinenz zu üben. Das gehört sozusagen zum Training des Ichs, das lernen muss, die Herausforderungen des Körpers, des Gemüts und des Verhaltens auf dem harten Weg der Selbstvervollkommnung anzunehmen und zu beherrschen. Wir sehen ein, dass jeder Mensch, der Ziele in seinem Sport erreichen will, sich einer strengen Disziplin unterwerfen muss. Wer weiter kommen will, geht vor großen Ereignissen ins Trainingslager. Wer zum Gipfel will, muss üben. Er muss aufs Auto verzichten, wenn er laufen kann. Nichts anderes wollen die Mönche. Sie streben vielleicht ein bisschen weiter als die Menschen, die sich für eine Zeit des Fastens entscheiden. Auf dem Weg der Gottsuche ist die Route sehr viel anstrengender. Aber Mönche wie Laien üben das gleiche Prinzip: Mehr erkennen, mehr Mensch werden, achtsamer, demütiger, selbstloser werden, durch Verzicht reicher werden im Sein.

»Glaube nicht, dass Fasten genügt. Das Fasten strengt dich an, aber es stärkt nicht deine Brüder. Deine Entbehrungen würden fruchtbar werden, wenn du einem anderen ein Geschenk davon machen würdest. (…) Gewiss, du hast auf etwas verzichtet. Aber wem wirst du das geben, auf das du verzichtet hast? Wieviel fängst du damit an? Wieviel Arme kann die Mahlzeit sättigen, die wir heute nicht genommen haben? Faste also so, dass du dich freust, wenn ein anderer an deiner Stelle deine Mahlzeit genommen hat. Dann wird dein Tun von Gott angenommen werden.« Diese Sätze schrieb der Kirchenlehrer Aurelius Augustinus den Mönchen ins Gewissen. Höchstwahrscheinlich sind seine Worte auch der Ursprung für den Aufruf zur Spende an die modernen Christen, die nicht ohne Grund Fastenopfer genannt wird,

durch Fasten nicht nur den eigenen Leib und den eigenen Charakter zu kultivieren, sondern durch ihren Verzicht aktiv dazu beizutragen, den Mangel in der Welt ein wenig zu lindern.

Verzicht nimmt nicht. Verzicht gibt.
Er gibt die unerschöpfliche Kraft des Einfachen.

MARTIN HEIDEGGER

Das Fasten verdeutlicht das Gegenteil des Wohllebens. Besonders die moderne Gesellschaft läuft Gefahr, Erwerb und Sicherung des persönlichen Wohlstands als einzig erstrebenswertes Lebensziel anzusehen. Das eignet sich nicht für alle. Niemand ist davor geschützt, an diesem Rennen nicht mehr teilnehmen zu können. Was aber definiert sein Leben statt dessen? Die Fastenzeit ist eine Zeit der Besinnung, die hilft, die Unwägbarkeiten des menschlichen Daseins anzunehmen. Indem man sich verzichtend und fastend darauf einstellt, bringt man sich ins Gleichgewicht mit den tatsächlichen Bedingungen des Daseins. Schon diese leichte Form der Demut befreit von sklavischer Einseitigkeit und schenkt dafür Klarheit und neue Offenheit, neue Liebe zum Leben.

So verbinden sich in der Zeit vor Ostern und Weihnachten ganz deutlich Fasten und Fest, bewusster Verzicht und große Freude. In der heute geübten jahreszeitlich unabhängigen Form des Heilfastens, das auch in klösterlicher Betreuung ausgeführt werden kann, steht im weiteren Verlauf und nach beendeter Fastenzeit ebenfalls das Erlebnis geistigen und körperlichen Wohlseins.

Wenn Rebhuhn, dann Rebhuhn.
Wenn Fasten, dann Fasten.
TERESA VON AVILA

Jesus selbst warnte davor, aus dem Fasten einen Hochleistungssport zu machen und die Aufmerksamkeit von Bewunderern auf sich zu ziehen. Man soll beim Fasten auch kein griesgrämiges Gesicht machen wie die Heuchler, nur weil man auf etwas verzichten soll. Vielmehr soll man sich bewusst pflegen (Mt 6,16–18). Die alten Ordensregeln schrieben für die Fastenzeiten den Verzicht auf das Fleisch von warmblütigen Tieren vor. Manche Orden verzichteten zusätzlich auf alle Produkte dieser Tiere wie Eier, Milch, Käse. Wassertiere wie Fische, Krebse und Muscheln galten als erlaubt. Als die Regeln zunehmend gedehnt wurden, fanden sich auch andere Wassertiere wie Biber, Wasserhühner, Gänse oder Enten auf dem Speiseplan der Klosterküchen wieder. Gegen diesen Verfall der Ordensdisziplin wehrten sich zu allen Zeiten Mönche und gründeten neue Konvente. Die Orden der »strengen Observanz« gestalten ihr Klosterleben unter genauer Beachtung der angenommenen und selbstauferlegten Regeln. In vielen Orden wird gänzlich auf Fleisch verzichtet, in der Fastenzeit ernährt man sich vegan. Kartäuser und Trappisten gehören zu den strengsten Orden der katholischen Kirche. Das Fasten wird auch in den christlich-orthodoxen Kirchen des Ostens und Griechenlands streng befolgt.

Wenn im Mittelalter während gut einem Drittel des Jahres kein Fleisch gegessen werden sollte, traf das die verschiedenen Bevölkerungsschichten unterschiedlich hart. Im Landesinneren war Fisch für einfache Leute kaum erhältlich. Mangel fördert die Fantasie. Wenn die Speise in eine Fischform gepresst wurde, dann sah sie wie Fisch aus und man fragte besser nicht so genau nach. Tierische Fette wurden ersetzt durch den Anbau von Ölfrüchten wie Lein, Mohn und Rübsamen. Aus Nüssen, Hanf und Bucheckern wurde Öl gewonnen. Pflanzliches Öl, Essig und einige Kräuter machen den *Insalata* schmackhaft, der im 15. Jahrhundert im deutschen Sprachraum gut verbreitet war.

Die Reformation sprach dem Fasten seinen spirituellen Charakter ab. Luther sagte, dass man nicht durch Fasten angenehm werde bei Gott, sondern allein durch Gnade und Glaube. Ganz sicher lässt sich durch Fasten oder irgendein Tun Gottes Zuneigung nicht erkaufen. Doch kann man dem göttlichen Sinn des Lebens wohl leichter nachspüren, wenn man sich frei macht von menschlicher Überheblichkeit und dem Immer-Mehr an weltlichen Dingen eine Absage erteilt. Dieser Überzeugung schließt sich die moderne Aktion »Sieben Wochen ohne – Verzicht, ein Gewinn« evangelischer Christen an. In einer Welt des Überflusses ist das Bewusstsein dafür wichtig geworden, nicht lediglich ein unersättlicher Verzehrer von ständig verfügbarer nötiger wie unnötiger Nahrung, von Konsumgütern, Zeit und Ressourcen zu sein, der sich oft wundert, warum ihm etwas schwer im Magen liegt. Wir müssen wieder lernen zu hinterfragen, was wir eigentlich tun. Wer das volle Gefäß immer weiter füllen will, erzeugt Überfluss. Die meisten von uns gleichen übervollen Gefäßen. Fasten bedeutet, Geist und Körper zu leeren, damit ein jeder sein Eigentliches wieder spüren kann. Damit er wieder aufnahmebereit wird für die Liebe, für Gott.

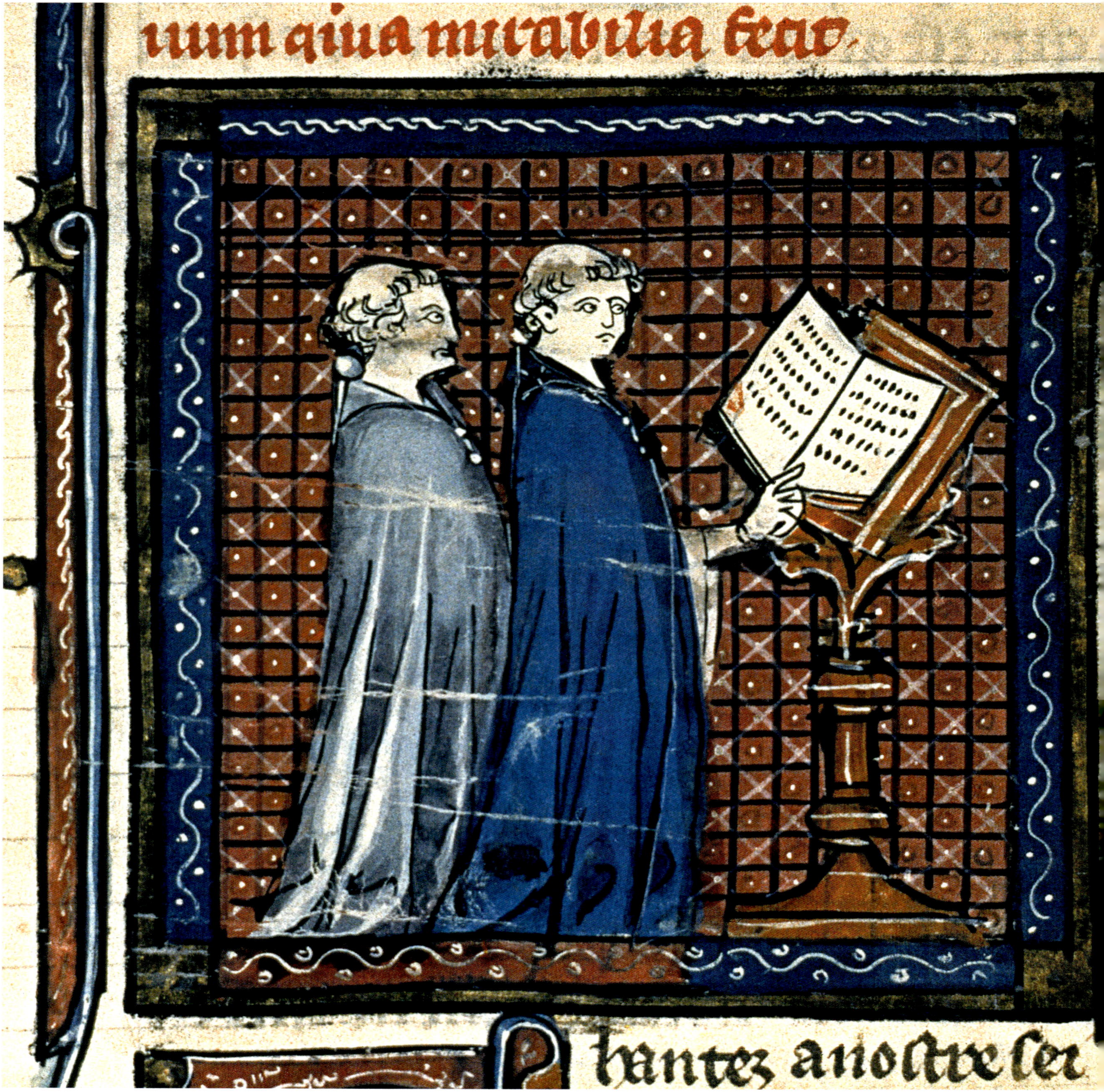
mirabilia fecit
hantez a nostre sei

Die Arbeit
mit dem Geist

Gott schon in diesem Leben näher zu kommen,
ist das zentrale Anliegen der Mönche. Alles
Äußere, Offensichtliche sind nur weltliche Auswirkungen dieses Strebens. Das irdische Dasein
galt während der eintausendfünfhundert Jahre
bis zur Renaissance, Reformation und Aufklärung nur als die Durchgangsstation zum himmlischen Leben. Die Welt brauchte die Mönche,
die ihr auf dem Weg zur Erlösung voran gingen,
die den Weg weisen konnten. Denn sie kümmerten sich um das Heil aller, und das stand ständig
auf dem Spiel. Unter Kaiser Karl wuchs den Klöstern und dem geistlichen Dienst außerordentliche
gesellschaftliche Verpflichtung zu. Die Mönche
waren diejenigen, meist die einzigen, die die heiligen Schriften lesen und verstehen konnten. Je
mehr die Entwicklung an Dynamik gewann und
dem Einzelnen zum Leben immer mehr abver-
langte, desto wichtiger wurden die Klöster, die
dem Weg der Erlösung verpflichtet waren.
Das Gebet, der Dienst für Gott, war Tag für Tag
und rund um die Uhr die eigentliche Aufgabe
des Klosters. Weltliche Belange sollten nicht
mehr sein, als zum Überleben notwendig. Alles
Tun soll Gottesdienst werden.

*Ich bin erschaffen, dass ich Dich, Gott, sehen
soll, und doch nie erreiche ich, weswegen ich
geschaffen bin.*
Anselm von Canterbury

In der Ordensregel der Benediktiner bestimmen
achtzehn Kapitel die Verpflichtungen und Verhaltensweisen das Gebet betreffend. Neben orga-
nisatorischen und disziplinarischen Anordnungen verschiedenster Art bildet das Gebetsthema
den größten Einzelkomplex. Im Leben der Mönche sind Gebet und Meditation ihre wichtigsten
Aufgaben. Ihr gesamtes Tun, ihre Arbeit und

sonstigen Verpflichtungen, ist eingebettet in ein Leben des Gebets. Benedikt ruft seine Mönche siebenmal täglich zum Gebet und außerdem zum Nachtgottesdienst. Ursprünglich zählte man von Sonnenaufgang bis Sonnenuntergang und teilte den Zeitraum dazwischen durch zwölf. Die Stunden waren also im Jahresverlauf unterschiedlich lang. Nach antikem Vorbild wurde die erste Stunde nach Sonnenaufgang *prima hora*, also *Prim* genannt; die *Terz* war die dritte Stunde (etwa 9 Uhr), die *Sext* die sechste (etwa 12 Uhr), die *Non* die neunte Stunde nach Sonnenaufgang (etwa 15 Uhr). Mit der *Komplet* (lat. Vollendung), dem Abendgebet um etwa 20 Uhr, beschlossen die Mönche den Tag. Danach herrschte absolute Stille. Nach knapp vierstündiger Ruhe ertönte kurz vor Mitternacht das Zeichen zum Nachtofficium. Nach dem Gottesdienst legten sich die Mönche wieder zur Ruhe und fanden sich vor dem ersten Sonnenstrahl im Oratorium ein, um die *Laudes*, das Gotteslob, zu beten. Im Laufe der Jahrhunderte änderten sich die Gebetszeiten bei den verschiedenen Ordensgemeinschaften und nach päpstlichen Weisungen. Bei den Kartäusern sind *Matutin* und *Laudes* als nächtliche Gottesdienste geblieben, während sie in den meisten Orden beim ersten Hahnenschrei gebetet wurden. Das Zweite Vatikanische Konzil brachte 1964 neue Strukturvereinfachungen und ließ auch den Gebrauch der Landessprache statt des Lateins zu. Der Tagesablauf ist in den meisten Klöstern von 5 Uhr früh bis 20 Uhr abends mit insgesamt fünf Gebetszeiten einschließlich Gottesdienst, zweimal vierstündiger Arbeitszeit und je einer etwa einstündigen Rekreationszeit am Mittag und einer am Abend gegliedert.

In Gebet und Kontemplation finden die Mönche als einfache Menschen die spirituelle Kraft, dem göttlichen Jesus nachzufolgen. Im Gebet der Mönche vereinigen sich die Sehnsucht des Herzens, das Ringen des Geistes und die Freude der Seele. Alle äußeren Sinne verstummen, der Mönch lebt ganz im Wort und im Klang der Harmonie. Er enthebt seine Seele den irdischen Fesseln im Verlangen, dem Göttlichen nahe zu sein. Reinheit, größte Einfachheit, unverfälschtes Jasagen strebt er an, um mit jedem Gebet ein inneres Hindernis zu Gott überwinden zu können. Immer wieder spricht der Evangelist Johannes von Christus als dem Licht, das Leben ist. Dieses Licht in sich zu erfahren, ist das Bestreben der Mönche.

Ich möchte, dass ihr nur dieses eine begreift: Es geht auf diesem geistlichen Wege nicht darum, viel zu denken, sondern viel zu lieben. Was am meisten Liebe in euch weckt, das tut.
Teresa von Avila

Im Kloster dreht sich alles um das Gebet. Nicht nur zu den festen Gebetszeiten, wenn Psalmen gesprochen und gesungen werden, wird gebetet, sondern jeder Mönch ist auch bemüht, sein Leben selbst zum Gebet zu machen. »Glaube, Gebet und Kontemplation sind im Grunde in allem Tun eines Menschen enthalten, der seinen Glauben Jesus Christus geschenkt hat. Sie geben allen Handlungen des Lebens ihre Wahrheit und ihren übernatürlichen Wert«, schreibt Henri Le Saux (1910–1973). Es geht darum, durch das innere Gebet der Arbeit, der Kontemplation, der Achtsamkeit, im Umgang mit anderen, beim stillen Betrachten, im Denken und Handeln nicht aufgrund komplizierter Formeln, sondern aus dem inneren Begreifen der Liebe zu denken, zu handeln, zu fühlen. Wer dies begreifen will, muss den harten Weg der Selbsterkenntnis gehen. Das Selbst steht immer im Wege. Nur wer sich selbst erkennt, kann sich überwinden und in schauender Durchdringung Gottes ewige Wahrheit erkennen. Ziel ist es, in Liebe zu der Wahrheit Gottes sein Ich zu überwinden, um frei zu werden für die Liebe Gottes. Doch hat dieses Erkennen Gottes nichts zu tun mit Verstehen, verstandesmäßigem Begreifen. Ein Gott, den der Mensch verstehen kann, ist kein Gott, weiß die Philosophie. Und Gregor von Nyssa sagte: »Falls du es begreifen kannst, dann ist es nicht Gott.« Wir können Gott nicht ausrechnen, ihn durch Denken nicht begreifen. Wir können ihn nur mit der Seele suchen. Und ihn ahnen. Aus diesem Wissen betend und handelnd in das Leben einzugreifen, das lehrt die Schule der Mönche. Ganz unmittelbar wirkten die nach dem Vorbild des Franz von Assisi gegründeten Bettelorden durch ihre Sozial- und Bildungsarbeit mitten in den Städten auf die Volksfrömmigkeit ein. Nicht erst nach dem Tode und der Aufnahme ins Paradies, sondern schon im irdischen Leben sollte die unmittelbare Gottesbegegnung möglich sein. Dieser Geist nährte sich aus den Werken der Hildegard von Bingen, Elisabeth von Schönau, Mechthild von Magdeburg, Mechthild von Hackeborn, Gertrud der Großen von Helfta ebenso wie aus den großartigen Sermones über das »Lied der Lieder« des Bernhard von Clairvaux. »Man erkennt, soweit man liebt – auch Gott«, schrieb er in Sermo VII. Aus dieser neuen religiösen Energie, der Mystik, entstanden zahlreiche bedeutende Schriften wie die des Dominikaners Meister Eckhart (um 1260–1328).

Man soll Gott nicht als Außerhalb von einem selbst erfassen und ansehen, sondern als mein Eigen und als das, was in einem ist.
MEISTER ECKHART

Es ist erstaunlich, bei Meister Eckhart Gedanken zu finden, die dem Zen-Buddhisten nicht unbekannt sind. Diese Tiefe des Denkens macht die Mystik viel bedeutsamer, als man vermuten möchte. Peter Dinzelbacher weißt darauf hin, dass die Mystik Benennungen wie »Innerlichkeit«, »unergründlich«, »wesentlich«, »Einfluss« und andere entwickelte, die als säkularisierte Begriffe in der modernen Seelenanalyse weiterleben.

DIE ENTDECKUNG DER ZEIT

Der Begriff »Stundengebet« benennt einen Zeitpunkt zum Gebet. Doch wie wusste man in den frühen Klöstern, wann die Stunde zum Gebet gekommen war? Die mittelalterliche Vorstellung von der Zeit entsprang der natürlich-zyklischen Zeiterfahrung: Sonnenaufgang, Sonnenuntergang, Tag und Nacht, Jahreszeiten. Alle Zeit war eingebettet in den göttlichen Heilsplan. Gut ist, was in Ruhe und von Dauer ist. Unruhe ist Unordnung. Vieles blieb »ewig«, wie es war. Veränderungen kamen durch Hunger, Seuche, Krieg. Sie teilten die Zeit in »davor« und »danach«. Das lineare Verständnis der Zeit entwickelte sich durch die Gliederung des Tages in die *horae canonicae*, oder Horen, wie die Stundengebete genannt wurden. Die älteste bekannte Ordnung der kirchlichen Tageszeiten ist in der Regel des heiligen Augustinus um 338/389 niedergeschrieben worden. Hier fehlt noch die Prim, die allerdings 382 erstmals in Bethlehem eingeführt worden war. Als sich gut zweihundertdreißig Jahre später der Islam entwickelte, schrieb auch er Gebetszeiten vor.
Die Zeit zu gebrauchen ist eine Entdeckung des Klosters. Zwar kannten auch die Römer die Bemessung in Stunden. Die Tagesplanung im Kloster nach Gebetszeiten hat jedoch auch für die säkulare Gesellschaft eine verändernde Wirkung, wie die Einteilung des Tages in zwölf Stunden. Dazu kommt die Bemessung der Zeit über den Tag hinaus, denn das Jahr ist für alle immer das Kirchenjahr mit der ihm eigenen Strukturierung. Die Zeit wurde von Mönchen mittels astronomischer Beobachtung bestimmt und auf komplizierten

Karten errechnet. Die Horen des Klosters wurden zum Zeitmaß: *prîmezît, nônezît, vesperzît.* Letztere kennt man in vielen Landstrichen auch heute noch. Und die Glocken gaben den Ton an. Das Angelus- oder Ave-Läuten signalisierte am Morgen den Arbeitsbeginn, um zwölf Uhr kündigte es den Bauern auf dem Feld, den Handwerkern und Waldarbeitern und auch den städtischen Angestellten seit dem 14. Jahrhundert die Mittagszeit an. Das Abendläuten um achtzehn Uhr signalisierte das Ende der Arbeitszeit. Vom einhundertzweiunddreißig Meter hohen Turm der 1751–1762 erbauten St. Michael-Kirche in Hamburg bläst auch heute der Türmer täglich um zehn und einundzwanzig Uhr und am Sonntag um zwölf Uhr einen Choral in alle vier Himmelsrichtungen. Und noch immer rufen die Kirchenglocken zum Gottesdienst.

Es gibt Vermutungen, aber keinen Beleg dafür, dass Benediktiner die mechanische Uhr erfunden haben, von der erstmals um 1300 die Rede ist. Die Benediktinerabtei von Göttweig kaufte 1468 eine Uhr in Wien und ließ im gleichen Jahr die Turmuhr reparieren. Zu den Glocken gesellte sich die Uhr, sie verbanden sich zum Stundenschlag. Vermittels der Tageseinteilung der Orden lernte die Gesellschaft, die Zeit zu gebrauchen. Heute verbraucht uns die Zeit. Darum suchen wir gerne die spirituellen Orte auf, an denen seit eintausendsechshundert Jahren Geist und Seele den Puls der Zeit bestimmen. Aus Kult wurde Kultur.

VON SCHULISCHEN ANFÄNGEN BIS ZUR UNIVERSITÄT

In der römischen Kirche war Latein die Umgangssprache. Für alle Gebete und Gesänge wurde die lateinische Sprache benutzt. In der Regel waren die jungen Männer aller Gesellschaftsgruppen, die ins Kloster eintreten wollten, An-

alphabeten. Also mussten sie ausgebildet werden. Bereits zur Zeit des Basilius (um 330–379), dem großen Lehrmeister der Ostkirchen, kümmerte sich seine offene Mönchsgemeinschaft um die Unterrichtung der Kinder. In seiner Großen Regel schreibt er vor, dass sie sich vor allem der elternlosen Kinder annehme, damit die Brüder »nach dem Beispiel Jobs Väter der Waisen werden«. Bringen Eltern ihre Kinder zur Klostergemeinschaft, wird diesen nur in der Gegenwart von vielen Zeugen Aufnahme gewährt. Die Kinder sollen ernährt und erzogen werden, aber nicht der Brüderschaft zugehörig sein. Jungen und Mädchen sollen in getrennten Wohnungen lebend in aller Gottesfurcht und Sanftmut erzogen werden. Später, wenn sie zu Reife und Vernunft gelangt sind, sollen sie frei über ihre Lebensform entscheiden können. Die vorgeschriebenen Gebete werden von Kindern und Älteren gemeinsam gesprochen, denn sie spornen sich gegenseitig an. Im Unterricht lernen die Kinder die Schrift zu verstehen und sich der Worte der Schrift zu bedienen. Statt Fabeln sollen sie anhand von Beispielen vorbildliches Verhalten und bewunderungswürdige Handlungen kennenlernen. Zum Behalten von Namen und Sachen werden Preise zum Ansporn ausgesetzt. Wer sich für bestimmte Künste zu interessieren beginnt, soll den Tag bei dem Lehrer der Kunst zubringen.

In späterer Zeit wird sie schulische Regelung in den Klosterschulen des Westens ähnlich gehandhabt. Bis ins 13. Jahrhundert waren Schulen ausschließlich klösterliche, beziehungsweise kirchliche Einrichtungen. Caesarius von Arles († 542) hatte in seine Nonnenregel, die auf dem Regelwerk des Augustinus fußte, die Verpflichtung aufgenommen, lesen und schreiben zu lernen. Da immer mehr Klöster die Regel Benedikts übernommen hatten und sie von den Karolingern 743 für alle Klöster im Reich vorgeschrieben wurde,

Kirche und Schule im ehemaligen Kloster Salem, Baden-Württemberg.

galten die Benediktiner als die einzigen monastischen Kulturträger in weiten Teilen Europas. Sie wurden 787 von Karl dem Großen ausdrücklich zur Förderung der Bildung verpflichtet und 789 folgte die Anordnung, »dass jedes Kloster eine Schule führe, in der die Kinder Lesen und Schreiben, Latein und Gesang erlernen konnten«. Man kann also mit Fug und Recht feststellen, dass unsere Unterweisung und Kultur im Ursprung den Klosterschulen der Benediktiner zu verdanken ist.

Zu unterscheiden sind seit 817 die inneren Klosterschulen, die dem Klosterbezirk eingefügt waren. Hier wurden die Jungen unterrichtet, die von ihren Eltern zum Mönchsstand bestimmt waren. Die äußere Schule besuchten die Söhne der Freien und des Adels. Im sechsten oder siebten Lebensjahr wurden die Jungen zur Schule gebracht. Statt Schulgeld übertrugen die Eltern Schenkungen ans Kloster. In Klassen mit höchstens zehn Schülern wurden die Novizen und jungen Laien mit der lateinischen Sprache sowie dem Schreiben und Lesen vertraut gemacht. Aussprache und Lesen lernte man gleich aus dem Psalmenbuch. Die Buchstaben zeichneten die Schüler mit einem Griffel aus Knochen auf ein Wachstäfelchen, da Pergament zum Üben viel zu wertvoll war. Nach dem Erreichen einiger Schreibsicherheit wurden Pergamentreste mit Tinte beschriftet. Dann wurde das Übersetzen leicht verständlicher Texte geübt. Neben geistlichen Texten wurden auch die Werke profaner Herkunft in den Unterricht einbezogen, wie zum Beispiel Dichtungen der lateinischen Epik und Lyrik. Zwar wurde immer argumentiert, das so erlernte Wissen sei dem besseren Verständnis der Heiligen Schrift förderlich, doch haben die Benediktiner fast alle uns heute bekannten lateinischen Schriften und in Übersetzungen auch die Werke des Aristoteles an ihre Schüler unterrichtend weitergegeben.

Auf dem Unterrichtsplan standen die sieben freien Künste. Orientiert am Grundwissen der antiken Bildung wurden Grammatik, Rhetorik, zwar nicht Dialektik sondern Poesie und Recht, das sogenannte *Trivium* (Dreiweg), unterrichtet. Zum Fach Rhetorik gehörte das Erlernen des Brief- und Urkundenschreibstils. Diese Ausbildung erstreckte sich als Fundament der Bildung über etwa neun Jahre. Der ungefähr fünfzehn- oder sechzehnjährige Schüler konnte dann ins *Quadrivium* (Vierweg) einsteigen und sich in Arithmetik, Geometrie, Astronomie, Naturkunde und im Umgang mit dem *Computus*, einem komplizierten Abakus, der zur Berechnung der Ostertafeln nötig war, ausbilden lassen. Anhand der Ostertafeln wurde mittels astronomischer Beobachtung und Berechnung das Datum des Osterfestes ermittelt, von dem aus das ganze Kirchenjahr bestimmt wurde. Statt Musik wurde in den inneren Schulen Choralgesang gelehrt. Der Unterricht in den Fächern des Triviums und Quadriviums blieb in unterschiedlichen Ausformungen als bildungsbestimmend bis in die Neuzeit bestehen. Für die ab dem 12. Jahrhundert gegründeten Universitäten bildete dieser absolvierte Kanon die Voraussetzung zum Studium von Theologie, Jura oder Medizin. Bei aller Klosterzucht gab es auch Freiräume. Am Tag der Unschuldigen Kinder, am 28. Januar, wurde »Verkehrte Welt« gespielt. Nach dem Bibelwort: »Er stürzt die Mächtigen vom Throne, die Niedrigen aber erhöht er« (Lk 1,52), war an diesem Tag die Schulordnung außer Kraft gesetzt und die Schüler übernahmen die Rolle des Dirigenten und des Vorlesers. Sie durften »Gefangene« nehmen, die sich für ein symbolisches Lösegeld loskaufen konnten. In Sankt Gallen geriet 911 König Konrad I. bei seinem schon erwähnten Besuch in die Hände der Schüler und kaufte sich frei mit »drei Spieltagen auch für alle Zukunft«.

Zunehmend wurde auch an jedem Bischofssitz eine Schule errichtet. Im 10. und 11. Jahrhundert war die Domschule von Lüttich wegen des Niveaus ihrer Wissenschaft sehr berühmt. Die Dom- und Stiftsschulen waren in erster Linie der Ausbildung der Kleriker verpflichtet, doch standen sie jedem Studenten offen. So gab es auch hier eine innere und eine äußere Schule. Der Leiter der Domschule, der Domscholaster oder *Magister scholarum*, hatte auch die übrigen Schulen der Stadt und die Schüler zu überprüfen, die beim Pfarrer Latein, Singen und das Beten der Psalmen lernten, was für den niederen Klerus als ausreichend galt. Auch so konnte man einfacher Priester werden. Die höhere Geistlichkeit hatte das Dom- beziehungsweise Kathedralkapitel absolviert und wurde bis ins 14. Jahrhundert auch zum Verfassen von Urkunden und für Verwaltungsaufgaben eingesetzt. Im 13. Jahrhundert entwickelten sich mit der Prosperität der Städte aus dem Unterricht beim Pfarrer die Pfarrschulen und auf diese wiederum übte der Stadtrat seinen Einfluss aus. Der Rat der Stadt bestellte und besoldete den Schulmeister dieser Lateinschulen für die Söhne der Oberschicht. Zum Unterricht gehörten die für Handwerk und Handel nötigen Fertigkeiten in Lesen, Schreiben und Rechnen und ein Grundwissen in den Fächern des Triviums. Vor allem im 15. Jahrhundert drängten immer mehr Bürgerkinder zur schulischen Bildung, und so verbreitete sich das Netz schulischer Elementarerziehung.

Von der im 12. Jahrhundert gegründeten Hohen Schule in Paris, die als die berühmteste Lehrstätte für Theologie und Philosophie galt, kam 1248 der Dominikaner Albertus Magnus mit seinem Schüler Thomas von Aquin nach Köln und gründete mit einem »Studium generale« die erste frühe Form einer deutschen Universität. Genau hundert Jahre später ließ König Karl IV. im Jahr 1348 in Prag mit einem »Studium generale«

nach Pariser Vorbild die zweite Universität im deutschen Reich errichten. Ihr wurde bald eine juristische Fakultät angegliedert, die sich an der bedeutendsten Rechtsschule des Mittelalters, der 1088 in Bologna gegründeten Universität, orientierte.

Die Benediktiner führten fast zweihundert Jahre lang eine eigene Universität in Salzburg, von 1617 bis 1810. Getragen von Benediktinern aus dem gesamten deutschen Sprachraum zählte sie in der ersten Hälfte des 18. Jahrhunderts zu den größten deutschen Universitäten. Heute noch unterhalten die Benediktiner Schulen und Colleges in weiten Teilen der Welt.

Nicht alle Orden richteten Schulen an ihren Klöstern ein. Cluniazenser und Zisterzienser, Karmeliten, Kartäuser und Trappisten gehen seit ihrer Gründung den Weg der Kontemplation. Mit den Umwälzungen durch die Reformation und in den folgenden Jahrhunderten wurden die alten Orden nicht nur umgestaltet und erneuert, es wurden auch neue Orden und Kongregationen gegründet. Die Augustiner-Eremiten widmen sich seit dem 17. Jahrhundert verstärkt dem Schulwesen und unterhalten auch heute Gymnasien, Internate und fünf Universitäten. Die Dominikaner führen zahlreiche Schulen und Universitäten in der spanisch sprechenden Welt. Einige Gymnasien unterhalten heute auch die Franziskaner und Kapuziner.

Der Beitrag, den die Jesuiten für die humanistische Erziehung in Europa und der Welt leisteten und leisten, kann hier nur mit wenigen Zahlen angedeutet werden: 1546 unterrichteten sie erstmals in einem Kolleg in Granada. Mit der Aufhebung des Ordens im Jahr 1773 wurden auch 869 Bildungseinrichtungen für Erziehung und Unterricht geschlossen. In der 1814 wiedererrichteten Gesellschaft Jesu lehren und helfen heute etwa sechstausend Jesuiten in fünfundsechzig Ländern in über siebenhundert Schulen, Kollegien und

Universitäten. Mehr als fünfzigtausend Laien tragen mit ihnen dazu bei, jährlich rund zwei Millionen jungen Menschen die ihnen entsprechende Ausbildung zu geben.

Die Prämonstratenser waren von jeher aktive Förderer der Volksbildung. Vorbildliche Erziehungsarbeit leistet das 1841 gegründete Jugendwerk der Salesianer Don Boscos, das sich anfänglich bemühte, die in der aufstrebenden Industriestadt Turin verwahrlosten Jugendlichen von der Straße zu holen und ihnen durch Bildung eine Zukunft zu ermöglichen. Zugunsten der Straßenkinder und der armen Jugendlichen arbeiten mehr als siebzehntausend Salesianer in fünfundneunzig Ländern in über tausend Wohnheimen, Lehrwerkstätten, Ackerbauschulen, Bildungseinrichtungen für Behinderte und in zweiundvierzig philosophisch-theologischen Studienzentren.

Natürlich unterhalten auch die Nonnen verschiedener Orden und Kongregationen schulische Einrichtungen aller Art. Die Benediktinerinnen unterrichteten von jeher Mädchen in ihren Klosterschulen. Der bedeutende Orden der Ursulinen entstand aus dem Bemühen der Angela Merici (1474–1540), Mädchen und Frauen »zur Übung der christlichen Liebe durch Unterricht und Erziehung« zu führen. Von Italien aus verbreitete sich ihre Bildungs- und caritative Arbeit über Westeuropa. 1614 nahmen sie die Augustinusregel an und verpflichteten sich als Orden zur Erziehung der weiblichen Jugend. Zu Beginn der Französischen Revolution gab es in Frankreich etwa dreihundertfünfzig Klöster mit rund neuntausend Ordensfrauen, von denen nicht wenige unter dem Fallbeil starben. In den heutigen Mädchenschulen unterrichten etwa zwanzigtausend Ursulinen – und viele Schulen heißen darum St. Ursula.

In einem Ozean des Analphabetentums waren die Klöster die Inseln der Schriftlichkeit. Die allgemeine Kultur war fast gänzlich durch mündliche Kommunikation geprägt. Die Mönche waren diejenigen, die sich mit dem Buch der Bücher, der Heiligen Schrift, beschäftigten, die aber auch die Weisungen der Wüstenväter, des Basilius, Cassianus, Augustinus und anderer Kirchenväter studieren und weitertragen wollten. Ihre Suche nach Weltüberwindung machte sie nicht blind für die Welt. Weil sie das Werk Gottes verstehen wollten, sammelten sie das verfügbare Wissen. Unsere Kenntnis der Antike ist nur der Arbeit der Mönche zu verdanken. Sie haben das verfügbare Wissen während der Stürme der Völkerwanderung vor Vernichtung und Vergessen gerettet, haben es erhalten und verbreitet. Können wir uns unsere Welt ohne die Auseinandersetzung mit Pythagoras, Demokrit, Sokrates, Platon, Sophokles, Aristoteles, Diogenes, Epiktet, Plutarch, Ovid, Vergil, Seneca, Epikur und vielen anderen gelehrten Griechen und Lateinern vorstellen? Wie wäre unsere Welt wohl heute geformt, wenn durch die Arbeit der Mönche das Wissen der frühen Philosophen, Naturforscher und Dichter nicht integriert worden wäre, auf die sich das Abendland in seiner Entwicklung immer wieder berufen und gestützt hat? Nicht auszudenken. Vermittels der Mönche des Mittelalters ist die geistige Verbindung zwischen der Antike und der neuen Zeit geschaffen worden, wodurch eine kontinuierliche Entwicklung des Geistes erst möglich wurde. Wäre dies nicht geschehen, wäre es zu einem gewaltigen Bruch gekommen und unsere Kultur hätte sich niemals herausbilden können. Die Welt sähe heute völlig anders aus, aber ganz sicher nicht besser.

Klosterschreiber aus einem englischen Psalter, Mitte des 12. Jh., Trinity College, Cambridge.

Die Klöster wurden zu den Archen des Wissens und der Bücher. Fulda und St. Gallen wurden bedeutende Kulturzentren. Die Klosterbibliotheken von Monte Cassino oder Cluny zählten bis zum 12. Jahrhundert zu den größten Europas. Hier wurden die Bücher nicht nur in die Regale gestellt. Sie wurden vervielfältigt. Zu jedem Kloster gehörte eine Schreibstube, *Skriptorium* genannt. In St. Gallen war das Skriptorium an der Nordseite des Ostchores errichtet. Durch sechs Fenster fiel das Tageslicht auf sieben Schreibpulte. In der Mitte des Raumes stand ein großer runder Tisch, umgeben mit den Hockern für die Schreiber. In Kästen war das Handwerkzeug bereitgestellt: Tintenhörner, Federkiel, Messer zum Wegkratzen der Fehler, Lineale.

Geschrieben wurde auf Pergament, das aus Tierhäuten hergestellt wurde. Die nicht gegerbte Haut von Kalb, Schaf oder Ziege lag mehrere Tage in einer Kalklösung, bis sie von allen Fasern, Haaren und Rückständen frei war. Dann wurde sie gespannt, geglättet, beidseitig mit Bimsstein abgeschabt, mit Kreide behandelt und auf Größe geschnitten. Nun wurde das Pergament liniert und konnte beidseitig beschrieben werden. Papier ist in Deutschland erst seit dem frühen 14. Jahrhundert verwendet worden; der Gebrauch setzte sich im 15. Jahrhundert durch, weil mehr und mehr Produktionsstätten entstanden und Papier billiger wurde als Pergament. Zudem wurde zur Mitte des 15. Jahrhunderts in Straßburg und Mainz der Buchdruck mit wieder verwendbaren Lettern erfunden. Doch bis zu dieser noch fernen Zeit musste Buchstabe um Buchstabe mit der Hand geschrieben werden.

Qui scribere nescit, nullum putat esse laborem.
Wer nicht schreiben kann, glaubt, das sei keine Arbeit.

RANDBEMERKUNG AUF EINEM PERGAMENT DES
8. JAHRHUNDERTS

Das Schreiben war eine anstrengende und monotone Arbeit. Und doch war sie im Kloster so geachtet, dass sogar in Cluny den Schreibern Dispens – der kirchliche Begriff meint »von einer Aufgabe befreien« und lebt im heute gebräuchlichen »dispensieren« fort – von einem Teil des Chorgebetes erteilt wurde. Im Kloster Fulda arbeiteten zwölf Mönche im Skriptorium, in St. Gallen dürften es wesentlich mehr gewesen sein. Sie saßen an Tischen oder am Schreibpult, die Füße auf einen Schemel gestützt, hielten den Federkiel zwischen Daumen, Zeige- und Mittelfinger, während der kleine Finger die Schreibhand stützte. So ist es auf zeitgenössischen Abbildungen zu sehen. Und so arbeiteten die Schreiber über Wochen und Monate, Tag für Tag etwa drei bis sechs Seiten zu je zwei Spalten mit karolingischen Minuskeln füllend. Zur Abschrift der Bibel brauchte der Schreiber wenigstens ein ganzes Jahr.

Ein Buch konnte per Diktat auch von mehreren geübten Schreibern gleichzeitig vervielfältigt werden. Die andere Möglichkeit der raschen Reproduktion bestand darin, den Buchblock auseinanderzunehmen und die einzelnen Lagen zur Abschrift an mehrere Schreiber zu verteilen. Die Klöster, zumindest die der gleichen Kongregation zugehörigen, wussten voneinander um den Besitz wichtiger Werke. Sie wurden in einem regelrechten Fernleihverkehr gegen Pfand zur Abschrift ausgeliehen. Zwar ursprünglich nicht beabsichtigt, war dadurch zugleich die Verbreitung wie auch die Sicherung überlieferten Wissens gewährleistet. Im Jahr 1252 waren nicht weniger als einhundertsiebzehn Handschriften und Kopien über ganz Europa hinweg im Umlauf. Der Abt von Cluny, Petrus Venerabilis († 1156), kündigt in einem Brief seinem Freund Guigo I. († 1137), Prior der Grande Chartreuse, die Lieferung der erbetenen Bücher an und bittet ihn seinerseits, ihm »den großen Band mit der

Barocke Bibliothek im Benediktinerstift
Kremsmünster, Oberösterreich.

Korrespondenz zwischen dem hl. Augustinus und dem hl. Hieronymus zu senden« und begründet dies damit: »Tatsächlich wurden die in einem unserer *oboedientia* [damit mag eine dem *Gehorsam* des Abtes von Cluny unterstellte Außenstelle des Klosters, vielleicht ein Priorat, gemeint sein; A.d.V.] aufbewahrten Briefe durch Zufall von einem Bären aufgefressen.«

Um die Würde des Textes zu verdeutlichen, wurde er illuminiert, durch schmückende Zeichnungen erleuchtet und ins rechte Licht gesetzt. Filigrane Ausschmückung des Ersten Großbuchstabens, der Initiale (von lat. *initialis*, anfänglich; daher: Initiative), oft mit farbigen Miniaturen und Goldauftrag, feinen Zierleisten und üppigen Schmuckrahmen, in denen mitunter hinreißende visuelle Anspielungen versteckt wurden, veranschaulichen aufs Schönste das tiefe Verständnis von Maß und Wirkung. In ihren frühen Miniaturen entwerfen die schlichten, malenden Mönche bereits die Formensprache der Romanik – ein ideengeschichtliches Kapitel höchster Güte. Es wird wohl ein Geheimnis für immer bleiben, woher die in der Einsamkeit, in Hoffnung und Sehnsucht und entbehrungsreich lebenden, einfachen Männer die Anmut ihrer Motive, die Strahlkraft ihrer Gestaltung und die Leuchtkraft ihrer Farben nahmen. Denn ganz sicher verstanden sie sich nicht als Propheten, weder des Wortes, schon gar nicht der Kunst. Und doch entspringt aus der zeitlosen Schönheit ihrer die Buchseiten schmückenden Miniaturen der reine Urquell der mittelalterlichen Malerei, das Herzstück gewissermaßen, das in der französischen Hochgotik zur schönsten Blüte kommt.

Berühmte Schreiber waren seit dem 6./7. Jahrhundert die Mönche in Irland. Sie haben nicht nur sehr viel zur Verbreitung der antiken Werke beigetragen, sie wurden auch von Klöstern auf dem Kontinent immer wieder zur Unterstützung angefordert. Die irischen Mönche waren Meister der Ornamentik. Jedes Bildwerk ist ein Labyrinth, immer ein individuelles Suchen und Finden des Malers, nie wiederholt, und birgt in sich stets das Kostbare, das Wort, das vielleicht unerreichbare Göttliche. Alle Motive der mittelalterlichen Buchmalerei sind Ausdruck der suchenden Seele, um, wie Abt Suger von St. Denis im 12. Jahrhundert schrieb, »mit Hilfe einer verwandelten materiellen Unterstützung die nicht materielle Welt zu erreichen, in der die Seele lebt und reift«. Vielleicht ist mit diesem Gedanken dem Geheimnis der Klosterkunst etwas näher zu kommen.

Den schriftkundigen Mönchen fiel noch eine andere Arbeit zu: in den Jahrhunderten ohne schreibkundige Hofbeamte, geschweige denn schreibende Verwaltungsangestellte und Juristen, mussten sie für die Verwaltung, die Politik und auch in eigenem Interesse seit dem 8. Jahrhundert Urkunden aufsetzen. Die Klöster entwickelten dafür Textformeln (lat. *forma*, Entwurf, Fassung eines Schriftstücks; daher: Formular). Formsätze für die verschiedenartigsten Belange sind überliefert. Beginnend im 12. Jahrhundert gewann die Siegelurkunde, die sich zum Vorbild die gesiegelten merowingischen und karolingischen Hofurkunden nahm, zentrale Bedeutung als schriftliches Dokument im Rechts- und Verwaltungsleben. Bis ins 13. Jahrhundert hatten die reisenden Kaiser und Könige keine feste Residenz. Dokumente wurden deshalb in Klöstern und Bischofssitzen aufbewahrt, bis fürstliche oder städtische Kanzleien Dokumente in befestigten Archiven – hier steckt das Wort »Arche« drin – sichern konnten.
Die Geschichtsschreibung wüsste heute sehr viel weniger über das Leben im Mittelalter, wenn die Forscher nicht zudem auf die erhaltenen Annalen,

Nekrologien (Totenbücher) und Chroniken zahlreicher Klöster hätten zurückgreifen können, denn städtische Chroniken sind erst vom 14. Jahrhundert an überliefert.

Ab dem 13. Jahrhundert beginnen in Paris auch Laien auf Bestellung abzuschreiben und in der Folge entwickeln sich rund um die Buchherstellung die Handwerksbetriebe der Pergamenthersteller, Buchbinder, Holz- und Elfenbeinschnitzer, Kunst- und Goldschmiede.

SCHATZHÄUSER DES GEISTES UND DER WISSENSCHAFTEN

Die Klosterbibliotheken waren die unmittelbare Voraussetzung für das wissenschaftliche Arbeiten der Mönche. Neben den kirchennahen Schriften kümmerten sich die Mönche um Erhalt, Verbreitung und Studium der hohen Zahl von gut dreitausend Werken der lateinischen Klassik, zu denen auch die ins Lateinische übersetzten Werke der Griechen gehörten. Hier wurde kulturelle und zivilisatorische Titanenarbeit geleistet. Als Beispiel diene ein Kloster in Deutschland: Die vollständigste Sammlung der Werke Ciceros wurde im Benediktinerkloster Corvey (822–1803) bei Höxter an der Weser zusammengestellt. Dort wurde auch das Manuskript des 1.–10. Buches der *Annales* des Tacitus entdeckt. Zahlreiche antike Werke wurden im berühmten Kloster von Fulda aufbewahrt und vervielfältigt. Im Barock wurden einige der zerstörten und auch baufälligen Klöster im prachtvollen Stil der Zeit wieder aufgebaut. Und immer gehören die Bibliotheken, die Schatzhäuser des Geistes, zu den prunkvollsten Räumen der Abtei. Eine Vorstellung von dem weiten Horizont der Interessen ermöglicht zum Beispiel ein Einblick in die Bibliothek von St. Gallen, in der zweitausend Handschriften, eintausendsechs-

hundertfünfunddreißig Inkunabeln (das sind seit Erfindung des Buchdrucks bis einschließlich 1500 gedruckte Bücher) und weitere einhunderttausend Bände aufbewahrt werden.

Nach und nach entstanden in einzelnen Klöstern auch selbstverfasste Werke: Theologische Kommentare, Predigtbücher, Lebensbeschreibungen (Viten) der Heiligen, Geschichte des Klosters und die Arbeit der Äbte. Dazu kamen bedeutungsvolle Korrespondenzen, die nicht nur wirtschaftliche und rechtliche Situationen abbilden, sondern auch vom geistigen Austausch und der theologischen und philosophischen Diskussion zeugen. Die Theologie galt seit der Spätantike als die Leitdisziplin aller anderen Wissenschaften, als Hauptgrundlage sowohl der Geistes- wie auch der Naturwissenschaften. Geschrieben und gelehrt wurde während des ganzen Mittelalters und bis in die Neuzeit hinein in lateinischer Sprache als dem verbindenden und verbindlichen Medium im Austausch der bunten Vielfalt europäischer Völker und der wissenschaftlichen Entwicklung.

Am Anfang wissenschaftlicher Arbeit wurden in den Klöstern die Werke für den schulischen Unterricht durch neue Übungen und Erklärungen zur Grammatik, Astronomie, Mathematik und Musik ergänzt. Für die Forschung sind die Geschichtswerke, die in den Klöstern geschrieben wurden, von größter Bedeutung. In ihnen wird noch einmal das Verständnis von Zeit deutlich: Die Werke beginnen mit der Schöpfung und dem Paradies und führen in die klösterliche Gegenwart des Schreibenden. Geschichtsschreiber in der Zeit der Kreuzzüge verfassen für die Nachwelt bedeutende Werke. Ein Mönch vom Kloster Marmoutier, Galtier de Compiègne, arbeitet fast zwanzig Jahre von 1137–1155 an seinem Werk über das Leben Mohammeds.

Die Skriptorien der Klöster blieben bis zur Erfindung des Buchdrucks die wichtigsten Multiplikatoren des Wissens. Holzschnitt aus L. Brandis »Rudimentum Noviciorum«, Lübeck 1475.

Die Augustiner Chorherren pflegten besonders die Theologie, Philosophie und Geschichtswissenschaft. Mönche mit großen Namen wie Hugo von St. Victor, Jan van Ruysbroek und Erasmus von Rotterdam wirkten in ihren Reihen und werden heute noch studiert. Der Augustiner-Eremit Andreas de Urdaneta (1508–1568) war ein berühmter Seefahrer und Kosmograph, der 1565 die Route von Mexiko zu den Philippinen entdeckte. Berühmt wurde auch der Abt von Kloster Brünn, Georg Mendel (1822–1884). Von seinen botanischen Kreuzungsversuchen leitete der Begründer der modernen Vererbungslehre die nach ihm benannten Mendel'schen Gesetze ab. Die gelehrten und berühmten Benediktiner können hier nicht alle erwähnt werden. Hrabanus Maurus († 856), Abt von Fulda, schrieb zweiundzwanzig theologische und philosophische Bücher, die große Wirkung entfalteten. Er schrieb ein für die Mathematik des Mittelalters grundlegendes Werk und gilt als Begründer der mittelalterlichen Kosmologie. Durch Gerbert von Aurillac, den späteren Papst Silvester II. († 1003), der in Ripoll die Mathematik und Astronomie der Araber studiert hatte, wurde die arabische Ziffer in Europa verbreitet. Der berühmte Anselm von Canterbury († 1109) lebte seit 1060 als Abt und Lehrer im nordfranzösischen Kloster Bec, bevor er zum Erzbischof von Canterbury berufen wurde. Der Vater der Scholastik verbindet in seinem Denken Metaphysik und Theologie. Sein philosophisches und theologisches Werk reihen die Wissenschaftler zwischen Augustinus (354–430) und Thomas von Aquin (um 1225–1274) ein.

Die Geschichtsschreibung des Mittelalters geht fast ausschließlich auf das Wirken der Benediktiner zurück. Bedeutende Beiträge lieferte die Abtei Saint-Benoît-sur-Loire, deren eindrucksvolles Säulen-Portal auch heute noch zu bestaunen ist. Hier wurde Lokal- und Weltgeschichte

geschrieben. Epochale Geschichtswerke entstanden in St. Gallen, Fulda, Corvey und Monte Cassino. Martin Gerbert (1720–1793) war bereits ein auch wissenschaftlich international hoch angesehener Theologe, als er zum Fürstabt des Klosters St. Blasien im Südschwarzwald erhoben wurde. Er verfasste Grundlagenwerke zur Kirchen- und Profangeschichte, Liturgie- und Musikgeschichte. Das Kloster ist mit dem angegliederten Internat der Unterrichtung und Gelehrsamkeit weiterhin verpflichtet. Die Bücher zur Architektur der Benediktiner füllen ganze Bibliotheken. Ihre Klöster und Kirchen prägen weitgehend den architektonischen Stil der Epochen. In ihnen spiegelt sich das Bild, das sich in den verschiedenen Jahrhunderten Bauherren und Stifter vom himmlischen Jerusalem hier auf Erden machten.

Die Theologie der Dominikaner ist durch den großen Thomas von Aquin geprägt worden. Ihre Predigttätigkeit beeinflusste die Volksfrömmigkeit, lehrten sie doch auch, die Wahrheit mit Hilfe des Verstandes zu suchen. Albertus Magnus (um 1200–1280), »doctor universalis« genannt, führte Aristoteles in die Theologie ein und war zudem der bedeutendste Naturwissenschaftler seiner Zeit. Sein Schüler Thomas von Aquin schuf auf diesem Fundament das neue große Denkgebäude aus der Vereinigung von aristotelischer Philosophie und christlicher Theologie. Heinrich Seuse (um 1295–1366), lateinisch Suso genannt, war Prior und Lektor in Konstanz und ein einflussreicher Mystiker und Seelenführer. Die moderne Ausgabe der Schriften des Nikolaus von Kues (1401–1474) umfasst vierzig Bände. Die *Legenda aurea* des italienischen Dominikaners Jacobus a Voragine (um 1230–1298) war im Mittelalter das verbreiteste religiöse Volksbuch. Bis 1500 haben seine Heiligenlegenden siebzig bis neunzig Druckauflagen erlebt. Noch einmal sei hier auf die Bedeutung des Mystikers und Formgebers der deutschen Sprache Meister Eckhart (um 1260–1342) hingewiesen sowie auf Johannes Tauler (um 1300–1361), dessen mystische Schriften auch unter literarischen Aspekten wichtig sind. Der Philosoph Giordano Bruno (1548–1600) ist zu nennen, dessen neuplatonisch-pantheistische Denkmodelle von der Theologie der Renaissance nicht angenommen wurden, weswegen die Inquisition ihn zum Tode auf dem Scheiterhaufen verurteilte. Sehr weltliche »Novellen« – so der Name seiner Sammlung – schrieb der Dominikaner Matteo Bandello (1485–1562). Den besten Novellen des 16. Jahrhunderts entnahm Shakespeare die Stoffe zu »Was ihr wollt«, »Viel Lärm um nichts« und »Titus Andronicus«. John Webster schrieb nach einer Novelle Bandellos die Tragödie »Die Herzogin von Amalfi«. 1870 entstand die erste römische Thomas-Akademie, der alle Wissenschaften und Künste angehörten.

Die Lebensnähe der franziskanischen Verkündigung legt das Fundament für den neuen Raum der bewussten, schöpferischen Phantasie im Gebäude des abendländischen Denkens. Dem großen Bonaventura (um 1218–1274) ist als Kirchenlehrer, der vor allem in Paris und Köln wirkte, ein Platz neben Thomas von Aquin einzuräumen. In Italien, Frankreich und Spanien tragen die Franziskaner wesentlich zur Blüte der geistigen Literatur bei. Großen Einfluss hatten die Schriften des Francisco de Osuna (um 1492–1540). Vor allem hat der Orden eine Vielzahl bedeutender Prediger, Volkserzieher und Lehrmeister in seinen Reihen. Sie pflanzten ethische und moralische Werte ins Bewusstsein der Gesellschaft, die ihre Wirkung weit über die Epochen entfalteten. Immer wieder wurden die Franziskaner für diplomatische Missionen eingesetzt: 1245 wurde Johannes de Plano Carpini zum Großkhan der

Mongolen gesandt. 1293 erreichte Johannes von Montecorvino Peking; später wurde er zum Erzbischof dieser Stadt ernannt. Kein Theologe vor ihm war so sehr um Dialog und Verständigung bemüht wie Raimundus Lullus (um 1235–1315), der Theologe, Philosoph, Sprachforscher, Dichter und Mystiker aus Mallorca. Zur Zeit der großen Entdeckungen kamen mit den Kolonialherren immer auch Franziskaner in die neu entdeckten Gebiete. Die Entwicklung schadete den Einheimischen, doch stellten sich wohl die meisten Missionare auf die Seite der Schwachen. Die Missionare, die ihr Leben mit der Bevölkerung teilten, brachten als Ethnologen und Geographen auch die genaueste Kunde von den neuen Ländern Nord-, Mittel- und Südamerikas, vor allem Afrikas, in die alte Welt. Unter den berühmten Forschern des Mittelalters nimmt der Naturphilosoph Roger Bacon (um 1210–nach 1292) einen hervorragenden Platz ein. Als Philosoph, Philologe, Mathematiker, Astronom, Physiker und Chemiker sah der »doctor mirabilis«, der so wunderliche wie bewundernswerte Herr Doktor, im Experiment den besten Wahrheitsbeweis. In der Nachfolge dieses großen Gelehrten beschäftigen sich die Franziskaner auch heute noch mit Arithmetik, Astronomie, Physik, Botanik und Bodenkultur. Seit den Pestzeiten interessierten sich die Franziskanern besonders auch für die Fachgebiete der Medizin. Dazu kommt die Vielzahl der von ihnen getragenen Sozialaufgaben. Päpste und weltliche Fürsten setzten die Franziskaner, die Kapuziner und andere Minderbrüder wegen ihrer Gradlinigkeit und Uneigennützigkeit gerne als Diplomaten ein. So kommt es, dass Mönchen in der Geschichte Europas, ob bei politischen Verhandlungen, bei Reichstagen, beim Westfälischen Frieden oder bei der Belagerung von Wien, eine große Bedeutung zukommt. Die Karmeliten haben ihren Platz in der Weltliteratur durch die Schriften und Dichtungen der

Richard of Wallingford, Abt von St. Albans, Astronom und Mathematiker, in seinem Studierzimmer. Engl. Buchmalerei, 14. Jh.

Teresa von Avila, des Johannes vom Kreuz, der Theresia von Lisieux gefunden. Theologisch bedeutsam sind neben den Werken der Mystiker die marianischen Schriften des Karmels.

Die Kartäuser wirkten durch die Betrachtung in der Zelle und die nötige Handarbeit nicht ursächlich aufs Weltgeschehen. Sie betrieben Pharmazie, die auch die Versorgung der Umgebung sicherte und verteilten einmal wöchentlich riesige Mengen Brot über verschiedene Stellen im Umland.

Die Prämonstratenser sehen namhafte Theologen, Philosophen und einige Rechtsgelehrte in ihren Reihen. Die Geschichtsschreibung wurde gepflegt. Ambros Pfiffig (1910–1998) im Stift Geras erforschte die Geschichte der Etrusker und entzifferte ihre Schrift. Der Sprachforscher Johann Jahn (1750–1816) erarbeitete eine aramäische, syrische und arabische Sprachlehre und ein arabisch-lateinisches Wörterbuch. Mediziner, Mathematiker, Optiker und Chemiker sind unter den Mitgliedern des Ordens. Prokop Divisch, seit 1719 Mönch in Klosterbruck, erfand den Blitzableiter und brachte ihn 1754 an seinem Pfarrhaus in Prendnitz bei Znaim an. (Unabhängig davon konstruierte auch Benjamin Franklin einen Blitzableiter.) Im Kloster Tepl verfügte man über großes Wissen in Bezug auf Minerale, Physik, Astronomie, Medizin. Der Abt Karl Reitenberger (1779–1860) nutzte die medizinischen Kenntnisse über Heilbäder und ließ die Stadt Marienbad zu einem namhaften Kur- und Badeort ausbauen.

Das Schrifttum der Zisterzienser entfaltet sich mit dem umfangreichen Werk Bernhards von Clairvaux (1091–1153) und auch über seine brillanten Briefe, von denen etwa fünfhundert erhalten sind. Aelred von Rievaulx (1109–1167) ist ein weiterer Autor von hohem Rang, ebenso wie Caesarius von Heisterbach († 1240). Daneben sind die Bücher der Mystikerin Gertrud der Großen von Helfta (1256–1301/02) zu sehen. Der dritte Abt von Citeaux Stephan Harding († 1134) wollte nicht nur die Gesänge des Ambrosius originalgetreu verwenden, sondern auch die Bibel in ihrer ursprünglichen Textgestalt für den Orden zugänglich machen. Unter Einbeziehung jüdischer Gelehrter entstand als eine bedeutende frühe sprachwissenschaftliche Leistung eine kritische Bibelübersetzung. Wilhelm von Saint-Thierry (um 1085–1148/49) untersucht das Verhältnis von Vernunft und Liebe. In unserer Zeit finden die Bücher des Trappisten Thomas Merton (1915–1968) aus der Abtei Gethsemani in Kentucky große Beachtung. Als einer der profiliertesten katholischen Autoren reflektiert er den Weg des kontemplativen Lebens. Auf die zahlreichen großen Geschichtswerke aus Zisterzienser-Klöstern kann hier nur verwiesen werden. Darüber hinaus widmeten sich Zisterzienser auch dem Rechtsstudium. Auf die Wirkung des wirtschafts- und landwirtschaftlichen Engagements wurde schon hingewiesen. Sie nahmen in der Wirtschaftsführung eine Pionierrolle ein, die sowohl in der Technologie wie auch in der Organisation über den Orden hinaus beispielgebend und fördernd wirkte.

Für die Jesuiten steht der Mensch und sein Heil im Mittelpunkt ihres Denkens und Handelns. In Armut predigen, sich für Gefangene, Kranke, Verfeindete, Kinder und Arme jeglicher Art einzusetzen und dieses Tun im Studium der »Geistlichen Übungen« ihres Gründers Ignatius von Loyola (1491–1556) immer wieder zu überdenken, zu ordnen und zu gestalten, darin sehen sie ihren Dienst und ihre Aufgabe. Die Jesuiten-Missionare hatten den klaren Auftrag, Sitten, Denkweisen und Gebräuche der Einheimischen zu achten, zu studieren, sich darauf einzulassen, soweit sie nicht mit dem Evangelium in Konflikt gerieten, und vor allem ihre Sprache zu erlernen. Franz Xaver (1506–1552) war der erste und bedeutendste Jesuitenmissionar. Er wirkte in Indien und Indonesien und gründete sieben Jahre nach dem ersten Kontakt durch die Portugiesen 1549 eine blühende Mission in Japan. Die Grundsätze des Ordens verboten es den Jesuiten, in den fremden Gesellschaften Ehrenstellen anzunehmen. So lernten die Jesuiten indische Sprachen, es gelang ihnen, den Unberührbaren zu helfen, sie lernten Japanisch. Sie wirkten in Marokko, Brasilien, Florida, Peru. Um 1580 leisteten fünftausend Jesuiten pastorale Dienste in ganz Europa, in Japan und Indien, in Afrika und in Lateinamerika. Der mathematisch und astronomisch ausgebildete Matteo Ricci (1552–1610), erhielt nach jahrelangem Studium der chinesischen Sprache, Denkweise und Sitten Zugang zum chinesischen Kaiserhof. Das eurozentristische Weltbild veränderte sich zu Gunsten einer differenzierteren Wahrnehmung, wenngleich die Lernprozesse auch für die Jesuiten in den Jahren der Aufklärung und Französischen Revolution nicht konfliktfrei verliefen. Die Jesuiten verstehen Sprache als Mittlerin zwischen Denken, Tun und Menschen. So haben sie nicht nur die Bibel in zahlreiche Sprachen übersetzt, sondern auch Sprachlehren und Wörterbücher verfasst und damit oft die Grundlagen für das Studium der nationalen Eigensprachen geschaffen.

Die Jesuiten hatten ein vollkommen anderes Verständnis von den so genannten Eingeborenen in den neuen Gebieten. Während die Eroberer und Kolonisatoren ebenso wie die Disputanten an den Hochschulen davon ausgingen, dass die Einheimischen vielleicht doch und höchstwahrscheinlich Tiere auf zwei Beinen seien, suchten die Jesuiten nach Möglichkeiten der Verständigung. Einheimische und Jesuiten lernten voneinander. Die Jesuitenmissionare setzten Indianerschutzgebiete gegen die Interessen der Kolonisatoren durch. Im Jahre 1609 gründete Diego de Torres Bollo

(1551–1638) den so genannten Jesuitenstaat in dem Gebiet, wo heute die Staaten Paraguay, Argentinien, Brasilien und Uruguay zusammentreffen. In diesem Schutzgebiet lebten annähernd zweihunderttausend Indios in etwa siebzig Siedlungen, die sich, landwirtschaftlichen Großkommunen vergleichbar, selbst verwalteten. Jede Art von Nötigung, Gewalt und Unrecht sollte ausgeschlossen sein. Zwei Jesuiten leiteten eine solche Siedlung mit tausend bis viertausend Bewohnern ohne Zwang und Geldmittel. Ohne Waffen waren die Jesuiten gekommen, und sie wollten waffenlos mit den Indios zusammenleben. Sie lernten die Sprache der Indios, setzten sie in Schriftzeichen um, schrieben Grammatiken und Wörterbücher und fassten die verschiedenen Dialekte zu einer einheitlichen Schriftsprache zusammen. Diese wurde in der Siedlungsschule neben Latein und Spanisch unterrichtet. Landwirtschaftliche und gewerbliche Produkte führten zu hohem wirtschaftlichen Standard. Die europäische Musik fand bei den Indios großen Anklang. Sie lernten zu schnitzen und Instrumente zu bauen und auch auf ihnen zu musizieren. Nach wenigen Jahrzehnten bauten sie Kirchen, die denen des europäischen Barocks nicht nachstanden. In diesem von gegenseitigem Respekt getragenen Lebensraum entfaltete sich auch das Evangelium. Einhundertachtundfünfzig Jahre währte das friedliche Zusammenleben im so genannten Jesuitenstaat, der weder souverän war, noch über feste Grenzen verfügte. Länger konnten die Jesuiten den Schutz gegen die spanischen und portugiesischen Kolonisten nicht aufrecht erhalten. Im Gegenteil: 1767 wurden die Jesuiten aus Südamerika vertrieben. Die Regierungen sahen sich nicht in der Lage, höchstwahrscheinlich hatten sie auch kein Interesse daran, die Indios und die Jesuiten in diesem Gebiet zu schützen. Damit war die friedliche Begegnung, das einträchtige Zusammenleben und die langsame Entwicklung der Kulturen vernichtet. Die bewusst entwickelte Alternative zum spanisch-portugiesischen Kolonialsystem wurde ausradiert. Doch viele Autoren, Dichter, Filmemacher und vor allem Kritiker unterschiedlicher Fachrichtungen hat diese »soziale Utopie« auch in der Neuzeit fasziniert.

Baltasar Gracián y Morales (1601–1658) schrieb neben anderen Werken auch das »Handorakel und Kunst der Weltklugheit«, das in der Übersetzung Arthur Schopenhauers bei uns heute noch gelesen wird. Der forschende und kreative Umgang mit der Sprache brachte nicht nur namhafte Lyriker hervor – in deutscher Sprache zum Beispiel Friedrich Spee von Langenfeld (1591–1635) – sondern auch Theaterschriftsteller. Zwar haben die Jesuiten das Schultheater nicht erfunden, weil sie es aber in ihr humanistisches Bildungsprogramm einbauten und die Schüler aktiv förderten, entwickelte sich aus kleinen schulischen Anfängen im 16. und 17. Jahrhundert das Jesuitentheater. Lope de Vega, Pedro Calderón, Andreas Gryphius, Corneille und Molière fanden hier zu ihrer Berufung.

In die intellektuelle Auseinandersetzung auf den Gebieten der Theologie und Philosophie, Sozial- und Naturwissenschaften haben die Jesuiten von jeher große Bewegung gebracht. Sie führten den Gedanken der Eigenverantwortung in den Prozess der Erlösung ein und stärkten im theologisch-philosophischen Diskurs die Entscheidungskraft des Einzelnen. Folgerichtig lehrten große Theologen unserer Zeit wie Karl Rahner (1904–1984) oder John C. Murray (1904–1967) und viele andere Mitglieder der Gesellschaft Jesu eine »menschlichere« Theologie, wie sie sich auch durch das Zweite Vatikanische Konzil mitteilte, bei dem vielfach Jesuiten als Berater mitgewirkt haben. Heinrich Pesch (1854–1926) entwickelte ein großes System der Sozialphilosophie, den Solidarismus. Oswald von Nell-Breuning (1890–

1991) gilt als der »Vater der (katholischen) Soziallehre«. Ohne diese bedeutenden Beiträge wäre die Entwicklung zur sozialen Marktwirtschaft nach dem Zweiten Weltkrieg wohl so nicht denkbar gewesen. Heute wirken Jesuiten in rund dreißig Sozialinstituten überall auf der Welt, wo sie sich je nach örtlichen Gegebenheiten für eine gerechtere Welt einsetzen. Das tun sie auch in der von ihnen organisierten Flüchtlingshilfe.

Unschätzbar sind die Erkenntnisse der Jesuiten für die Geographie und Kartographie, für die Biologie und das Wissen über Heilpflanzen – aus Peru brachten sie die Chinarinde, ein Mittel gegen Malaria, mit – und ganz allgemein für das kulturgeschichtliche Wissen der Welt. Erwähnt sei noch der Jesuit, Geologe, Anthropologe und Paläontologe Pierre Teilhard de Chardin (1881–1955), der zusammen mit anderen Forschern den *Sinanthropus Pekinensis*, den Pekingmenschen, entdeckte, der aber vor allem durch seine Essays eine philosophisch-theologische Brücke baute, die half, die Sprachlosigkeit zwischen Religion und Naturwissenschaft zu überwinden.

Die Jesuiten wurden immer bewundert und gefürchtet. Bewundert für ihre Energie, gefürchtet wegen ihrer Dialektik. Ein schönes Beispiel für den ihnen gebührenden Respekt lieferte der große Journalist und Asienkenner Tiziano Terzani (1938–2004). Im Gespräch mit seinem Sohn Falco erklärt er: »Die Mächtigen interessierten mich nicht. Wer mich interessierte, waren Jesuiten.« »Die Jesuiten?« »Ja, und wie. Wo auch immer ich hinging, habe ich sie aufgesucht, um das Land zu begreifen, denn die Jesuiten kennen die Seele der Kultur, in der sie leben. Sie scheuen keine Mühe, graben und forschen, arbeiten sich tief in das Land ein und lernen seine Sprache wie kein anderer. Sie sind Persönlichkeiten, große Intellektuelle.«

Klosterkirche des Benediktiner-Klosters Alpirsbach, gegründet 1095, 1128 wurde die Abteikirche geweiht, Baden-Württemberg.

Klöster, Kirchen und Kapellen sind, neben Burgen und Befestigungen, die ältesten steinernen Zeugnisse unserer Geschichte. Nach den von Menschen gewollten Zerstörungen sind wir heute eher bestrebt, die eigenen Kulturgüter zu erhalten. Es scheint so zu sein, dass wir in unserer flüchtigen, ständig alle Sinne strapazierenden Welt, uns wie in einer Reflexbewegung hingezogen fühlen zu Orten der Dauer. Bauwerke aus Menschenhand, die seit tausend, sechshundert oder zweihundert Jahren andere Menschen einladen, hier einen Augenblick zu verweilen. Der Lärm und die Unruhe von draußen verschwinden. Der Eintretende ist plötzlich alleine mit sich und einer Stille, der Erhabenheit innezuwohnen scheint. Höhe, Weite und Licht nehmen den Menschen auf und machen ihn sensibel für einen anderen Geist, der leise ist und jubelnd, der Traurigkeit kennt und Trost schenkt. Wer berührt die tausend Jahre alte Säule, ohne sich in Ehrerbietung vor den Handwerkern zu verneigen, die hier ihr Arbeitsleben für eine Idee investierten, ohne je das Endergebnis ihres Mitwirkens zu sehen? Schaut man empor zu einem gotischen Kreuzrippengewölbe in vierzig Metern Höhe, das seit über neunhundert Jahren zart, schön und fest seinen Bogen spannt, dann wird man gewahr, wie sorgfältig, wie inspiriert in allen Lebensbereichen zu einer Zeit gearbeitet wurde, als Termindruck noch keine Rolle spielte. Können wir uns heute noch auf Prozesse einlassen, ohne gleich Bilanz zu ziehen, ohne Nutzen und Saldo zu berechnen? Können wir Projekte annehmen, die über unser Leben weit hinaus gehen? Was lernen wir von dem Mann, der sein Leben lang Steine bearbeitete, um das himmlische Jerusalem zu gestalten? Die Architekturgeschichte zeigt uns, wie aus den Grüften und Stützen der Krypta allmählich die

Säulen wachsen, ruhig, gradlinig, schlicht, selbstsicher in der Romanik, feinnervig, filigran, erhaben, lichtumspielt in der Gotik. Im Barock tragen sie einen hellen, heiteren Himmel. In der Bau- und Kunstgeschichte lässt sich der Geist der Zeit lesen. Wir erfahren, wie wir wurden wie wir sind. Hier ist nicht der Raum, eine Architekturgeschichte der Orden zu schreiben, es gibt dazu zahlreiche anschaulich bebilderte Werke. Der interessierte Leser wendet sich vielleicht selber der erhaltenen karolingischen Klosterkirche von Müstair in der Schweiz zu, den romanischen Klöstern der Zisterzienser wie Le Thoronet in der Provence, den Klöstern der Prämonstratenser und den Domen in Magdeburg oder Brandenburg, der sechstürmigen Basilika der Benediktiner von Maria Laach, dem Dom zu Speyer oder St. Aposteln in Köln, den wunderbaren gotischen Kirchen und Domen in England, Frankreich, Deutschland, den Dominikanerkirchen in Erfurt, Esslingen und Regensburg oder der zweischiffigen Hallenkirche der Dominikaner in Toulouse, den Kirchen der Franziskaner und Jesuiten in Italien und Spanien. Es gibt dank der Bemühungen der Denkmalschützer, der Bestimmungen und Auflagen für das Weltkulturerbe der UNESCO, der Initiativen vor Ort, der Spenden der Einheimischen und der Besucher noch sehr viel zu staunen und zu bewundern.

Eine architektonische Besonderheit ist jedoch nur bei Dom-, Stifts- und Klosterkirchen zu finden, wenn sie denn erhalten wurde: der Kreuzgang – für jeden Besucher ein Ort magischer Anziehung. Er ist die verbindende Mitte der Abtei und leitet zu den wichtigsten Kultorten und Gebäudeteilen des Konvents. Seine Arkaden umschließen fast immer einen Garten oder eine Grünfläche mit einem Brunnen. Schon um 800 hat Abt Angilbert von der Benediktinerabtei Centula (St. Riquier) bei Abbeville in der Picardie, Dichter und Diplomat Karls des Großen, festgelegt, dass bei feierlichen

Dom-Kreuzgang in Brixen, Südtirol.

Prozessionen von einem Ort der heiligen Handlung zu einem anderen Gebäudeteil, dem Umzug ein Kreuz vorangetragen werden sollte (*crucem sequi*, dem Kreuz folgen). Wohl von daher hat der Kreuzgang im deutschen Sprachraum seinen Namen. Im Lateinischen wird er *ambitus*, Umgang, genannt. Erste Kreuzgänge werden in der karolingischen Zeit gebaut. Die Zisterzienser optimieren das Bauwerk, das jetzt nicht nur als überdachter Verbindungsweg und als Grablege für Ordensbrüder und Stifter dient, sondern auch als *Lectorium*. Die romanischen, gotischen und barocken Bogengänge mit ihren lichtdurchströmten Arkaden laden die Mönche zu Gebet und Meditation. Oft zieren hinreißend gearbeitete Kapitelle mit biblischen und moralischen Hinweisen Säulen verschiedener Form. Dadurch entsteht eine Leichtigkeit, die auch dann erhalten bleibt, wenn im Spätherbst die Vorbilder im irdischen Garten absterben. An diesen wundervollen Orten der Stille und Kontemplation, wo sich irdische Vergänglichkeit und himmlische Sehnsucht so anschaulich miteinander verbinden, ist auch heute die große spirituelle Kraft des monastischen Lebens erfahrbar.

Alles Bauen im Mittelalter war empirisches Bauen. Man musste ausprobieren, was man wollte, und oft haben Erdanziehung und Statik die Baumeister eines Besseren belehrt. Erfahrene Baumönche reisten oft von einer Baustelle des Ordens zu einem anderen Neubau der Gemeinschaft. Die Mönche haben in den Skriptorien zwar Buchseiten künstlerisch illuminiert, doch sind in den wenigsten Konventen einzelne Mönche als individuelle Künstler hervorgetreten. Das lag weder im Geist der Zeit noch im Sinne der gelobten Bescheidenheit. Mehr noch als Benediktiner und Zisterzienser haben die Predigerorden auf Kunst und Volkskunst Einfluss genommen. Kirchen wurden nach Empfehlung des Abtes oder Bischofs oft von hervorragenden Künstlern der Zeit geschmückt. Die gegen Ende des 13. Jahrhunderts in einem bayerischen Benediktinerkloster entstandene Bildfolge zum Alten und Neuen Testament, wurde erst später als *biblia pauperum*, Armenbibel, bezeichnet. Den bunten Bildern des religiösen »Comics« war ein enormer Erfolg beschert, erzählten sie doch den Nichtlesekundigen in unterschiedlichsten Bildtypologien, als Fresko, in Handschriften, Holzdrucken, Glasfenstern höchst anschaulich die biblische Geschichte.

Gerade weil in der Kunstgeschichte nicht viele Mönch-Künstler bekannt sind – doch sind einige Dominikaner-Künstler als Baumeister und Bildhauer hervorgetreten – sollen hier zumindest zwei der berühmtesten Künstlermönche genannt werden: der Dominikaner Fra Giovanni da Fiesole (1378–1455), genannt Fra Angelico. Von ihm sind Tafelbilder im Übergangsstil zwischen Spätgotik und Renaissance bekannt. Berühmt ist seine Ausmalung, die er für das Kloster S. Marco in Florenz geschaffen hat. Der Karmelit Fra Filippo Lippi (1406–1469) gilt als der bedeutendste Freskenmaler der Renaissance. Einen neuen Höhepunkt in der italienischen Malerei erreichte sein Schüler Sandro Botticelli (1445–1510).

Qui cantat, bis orat.
Wer singt, betet doppelt.
Aurelius Augustinus

Mehr noch als für die Bildenden Künste kommt den Klöstern Bedeutung für die Entwicklung der Musik zu. Es ist wohl anzunehmen, dass Ambrosius (etwa 333/340–397), Bischof von Mailand und Kirchenlehrer, nicht nur der wichtigste abendländische Kirchenfürst und Prediger des 4. Jahrhunderts war, sondern auch der bedeutendste Initiator seiner Zeit für den liturgischen Gesang. Er bereicherte den Gottesdienst durch Antiphonen (Wechselgesänge) und Hymnen, die er zum Teil selbst verfasst hatte. Zugeschrieben wird ihm auch der große Hymnus *Te Deum laudamus,* Gott wir loben Dich, der möglicherweise auf Niketas von Remesia († 414) zurückgeht, aber dennoch als »Ambrosianischer Lobgesang« in der Liturgiegeschichte bekannt wurde. Augustinus übernahm die Art, Psalmen und Hymnen mit Kehrvers in Wechselchören zu beten, und schrieb dies in seiner Regel fest. In den Klosterschulen wurde Choralgesang (*cantores,* die Sänger) unterrichtet und Musiktheorie (*musici,* die Theoretiker) studiert. Ihrer Ausbildung liegen die *Institutiones musicae* (Musikalische Unterweisungen) Cassiodors (etwa 487–583) und vor allem die *Institutio musica* (Musikalische Unterweisung) von 510 des Boethius (470–524) zugrunde. Zweistimmige Musik ist seit dem 9. Jahrhundert bekannt. Zur Choralmelodie kam nun die zweite, die organale Stimme (Organum). Oktav, Quint und Quart sind als Intervalle möglich. In St. Gallen entwickelt sich mit Tuotilo († um 909), dem Dichter freier Lieder, Tropen (lat. *tropus,* bildlicher Gebrauch eines Wortes; auch: Melodie) genannt, die zwischen die auf Psalmen und anderen Bibelstellen beruhenden eigentlichen Hauptgesänge eingeschoben werden, in Verbindung mit den Sequenzen (eine Spezialform der Tropen mit reichen Melismen wie im Alleluja-Gesang) des hervorragenden Notker Balbulus (Notker der Stammler, um 840–912) der Gregorianische Choral weiter. Die so genannten Neumen geben als Zeichen über dem Text den Melodieverlauf an, wie die älteste Handschrift mit Neumen aus dem Jahre 859 in St. Gallen belegt. Für die Musiktheorie und das Studium der Komposition ist die »Harmonielehre« (*De harmonica institutione*) des Benediktinermönchs Hucbald von Saint-Amand (840–930) von großer Bedeutung. Benediktiner war auch Guido von Arrezo (etwa 995–1050). Er führte das vierzeilige Notensystem ein, wie es auch heute für die Choralmusik gebraucht wird. Allerdings benutzte er noch Neumen und noch keine Quadratnoten. Hildegard von Bingen (1098–1179) dichtete und komponierte Hymnen, Sequenzen, Responsorien (Wiederholungen umrahmter Verse), Antiphonen und auch ein Kyrie. Regionale Unterschiede und Abweichungen zwischen den verschiedenen Schreibschulen in der Art, langobardische Neumen zu schreiben, erschwerten den Umgang mit dieser Frühform der Notenschrift. Eine Vereinheitlichung der Notenschrift ging im 11. Jahrhundert von Klöstern in Nordfrankreich aus. Indem die Schreibfeder breit zugeschnitten wurde, entstand aus dem einfachen Punkt ein Quadrat. Diese neue Form der Notenzeichen verdrängte alsbald die Neumen aus den Skriptorien. Die Quadratnote wurde zum wichtigsten Zeichen der römischen Choralnotation. Auch für das Komponieren und Schreiben mehrstimmiger Musikstücke erwies sich die neue Notenform als geeignet und somit als zukunftsweisend für die weitere Entwicklung der Notenschrift.

Im 13. Jahrhundert entwickelt sich der polyphonale Gesang. Nachdem im Auftrag von Papst

Singende Mönche. Buchmalerei in der Initiale C »Cantate domino«. Aus einem Psalterium in Assisi, Fondo Antico, Italien, 13. Jh.

ad lauded: ait o uos qui noui estis in xpo: o
Jam ueteres in adam

antate dño   antate dño uita i

Gregor IX. der Franziskaner Haymo von Faversham seit 1240 Messbuch und Brevier ergänzt und vereinfacht hatte, verbreitet sich seit 1280 das neue Offizium und die neue liturgische Form. Auch die Franziskaner bevorzugten die neue französische Quadratschrift der Noten. Die Popularität der Franziskaner half wesentlich zur Verbreitung der neuen Notation.

In fast allen Ordensgemeinschaften trugen hervorragende Theoretiker und Komponisten zur Entwicklung der Musik bei – und zwar nicht nur als Kirchenmusiker, sondern auch als Komponisten von Liedern, Singspielen und Opern. Im 13. Jahrhundert wurden im Kloster Benediktbeuren die wunderbaren *Carmina burana* geschrieben, die Jahrhunderte später von Carl Orff (1895–1982) so hinreißend vertont wurden. Das Leben und Wirken Franz' von Assisi regte zahlreiche Tondichter, nicht nur Franziskaner an. Auch Franz Liszt (1811–1886) und Olivier Messiaen (1908–1992) ließen sich von dem Heiligen zu großartigen Musikwerken inspirieren.

Die für die Theaterbühne konzipierten Stücke der Jesuiten wurden immer öfter von Musik begleitet oder durch musikalische Einlagen aufgelockert. Für das Stück »Samson« wurde 1568 in München Orlando di Lasso (um 1532–1594) als Komponist gewonnen. Das Jesuiten-Kolleg in Innsbruck führte 1582 eine Operette mit dem Titel »Tobias« auf. Der Mönch Dominikus und spätere Abt des bedeutenden Benediktinerklosters St. Peter in Salzburg, war seit jungen Jahren mit Mozart, der im Haus seiner Eltern geboren wurde, gut bekannt. Zur Primizfeier am 15. Oktober 1769 wurde die von Mozart ihm zu Ehren komponierte »Dominikus-Messe« (KV 66 in C-Dur) aufgeführt. Johann Michael Haydn, der Bruder des berühmteren Joseph Haydn (1732–1809), komponierte zahlreiche Messen und liturgische Werke, die in dieser Klosterkirche uraufgeführt wurden. Joseph Haydn wiederum stand in enger Beziehung zu Pater Primitivus (d. i. Joseph Niemecz, 1750–1806) vom Hospitalorden der Barmherzigen Brüder. Der spätere Abt spielte mehrere Instrumente und lernte Haydn beim Musizieren in der Kapelle des Fürsten Esterházy kennen. Der Mönch konstruierte für Haydn mehrere Tischorgeln, Flötenuhren genannt, für die Haydn eigens Melodien komponierte.

Die große Kirchenorgel liefert ein hervorragendes Beispiel für die Weitergabe von Wissen seit der frühesten Zeit. Die Pfeife einer Orgel unterscheidet sich im Prinzip kaum von der Hirtenflöte aus Schilfrohr. Ktesibios (Tesibius, etwa 285–222 v. Chr.) baute in Alexandria eine so genannte »Wasserorgel« (*organum hydraulicum*), ein Musikinstrument, das mit Wasser funktionierte. Mosaike aus antiker Zeit geben Zeugnis von der Wasserorgel, die im Freien gespielt wurde. In der Zeit der Völkerwanderung ging das Wissen um die Orgel in der hellenistischen und römischen Welt verloren. Es blieb aber im Oströmischen Reich und in der arabischen Kultur erhalten. So war in der westlichen Welt das Erstaunen groß, als Kaiser Konstantin V. (741–775) im Jahr 757 Pippin, dem König der Franken und *Patricius Romanorum* (Schutzherr der Römer), eine Orgel schenkte. Aus Venedig wurde ein Theologe namens Georg gerufen, der noch über Kenntnisse des antiken Orgelbaus verfügte. Indem die geschenkte Orgel nachgebaut wurde, gab er sein Wissen an seine Schüler weiter. Damit begann im 8. Jahrhundert die abendländische Orgelgeschichte. Vermutlich die erste Kirchenorgel stand 812 in Aachen. Von nun an verbreiteten sich die Orgeln in den Gotteshäusern der Christenheit, zunächst in den großen Klosterkirchen, Stiftskirchen und Kathedralen. Im 9. Jahrhundert wird eine Orgel in Straßburg gespielt. Im englischen Winchester ist sie im 10. Jahrhundert vorhanden. Seit dem frühen Mittelalter ist die Orgel das Musikinstrument der Kirche. Im Barock erreicht die Pfeifenorgel ihre bauliche Reife, obwohl auch weiterhin unterschiedliche Ausprägungen (Prätorius-, Schnitger-, Silbermann-Orgel) bekannt sind. Mit dem Einzug der Orgeln in die Kirchen wurden auch in den Klöstern Orgelwerke komponiert. Ihre großartige musikalische Pracht und Wirkung entfaltet sich mit den Orgelwerken und liturgischen Kompositionen der berühmten Musiker des 18. Jahrhunderts.

Von den Antiphonien des Ambrosius aus dem 4. Jahrhundert, den Chorgesängen der Mönche durch die Jahrhunderte, den Hymnen, Madrigalen und Motetten der Komponisten des Spätmittelalters und der Renaissance (Dufay, Ockeghem, Obrecht, Busnoys, da Milano, Byrd, Palestrina, di Lasso, Monteverdi) bis zu den Werken Johann Sebastian Bachs, den Messen Mozarts und bis in die Gegenwart, in der die Ursprünge wieder entdeckt werden und von neuem inspirieren, ist die Musik, die aus den Klöstern kam, die empfindsame Seele unserer Kultur. Sie erfüllt ganz Europa, wird angenommen in Nord- und Südamerika und auch die alten Kulturen des fernen Ostens, Korea, Japan und zunehmend China, verschließen sich der innerlichen Wirkung dieser Harmonien nicht.

Man muss nicht an Gott glauben. Wer aber sich dieser Musik zuwendet und sie vielleicht in einem jahrhundertealten Gotteshaus in sich aufnimmt, wird erfüllt von einer Ahnung und einer Hoffnung, die das menschliche Maß überhöht.

Textseite mit Buchmalerei aus den »Carmina burana«, Benediktbeuren, um 1250.

Die Arbeit
mit dem Herzen

Christus als Apotheker. Christus als Tröster
und Heiler. Darstellung aus dem badischen
Kloster Pfullendorf, um 1750.

Die vierte Regel des heiligen Benedikt ist über-
schrieben: »Welches die Werkzeuge der guten
Werke sind«. Er verpflichtet seine Mitbrüder auf
die Werke der Barmherzigkeit, nämlich Arme
erquicken, Nackte bekleiden, Kranke besuchen,
Tote begraben, in der Trübsal zu Hilfe eilen,
Trauernde trösten (nach Mt 25,34–46). Und in
der sechsunddreißigsten Regel führt er aus: »Um
die Kranken soll man vor allem und über alles
besorgt sein. Man diene ihnen so, wie wenn man
wirklich Christus dienen würde; er selbst hat ja
gesagt: ›Ich war krank und ihr habt mich besucht‹
(Mt 25,26). Und: ›Was ihr einem dieser Geringsten getan habt, das habt ihr mir getan‹ (Mt 25,40).
(…) Es sei die wichtigste Sorge für den Abt, dass
die Kranken in keiner Weise vernachlässigt werden. (…) Man gebe den Kranken Gelegenheit
zu Bädern, sooft es für sie erforderlich ist. (…)
Auch erlaube man den ganz schwachen Kranken
zur Stärkung den Genuss des Fleisches. Sobald
es ihnen aber besser geht, sollen sich alle in ge-
wohnter Weise des Fleisches enthalten. Es liege
dem Abte sehr am Herzen, dass Cellare und
Wärter den Kranken nicht vernachlässigen. Denn
es fällt auf ihn zurück, was Untergebene sich
zuschulden kommen lassen.‹

Die Jahre vom 4. bis zum 12. Jahrhundert waren
die verworrendsten, verheerendsten und blutigs-
ten achthundert Jahre der Geschichte. In dieser
leiderfüllten Zeit entstehen die meisten Klöster
der Augustiner, der Benediktiner und die der
Zisterzienser, ihrer Brüder im Geiste Benedikts.
Von einer »goldenen Zeit der Klöster« kann an-
gesichts der Lebenswirklichkeit wahrhaftig keine
Rede sein. Die Klöster wurden nicht aus wirtschaftlichen Erwägungen gegründet, schon gar
nicht als politische Stützpunkte. Nie haben sie sich
den Wissenschaften, auch nicht den Bildenden

und Schönen Künsten verpflichtet gesehen. Von Anfang an waren sie nur Inseln der Solidarität und nur einer Idee unterworfen: Christus nachzufolgen und die Werke des Herrn zu erfüllen, *opus dei*, Gott zu suchen und ihn zu preisen, *laudes dei*. Die meisten Ordensmitglieder waren einfache Männer und Frauen, Laien, keine »studierten« Priester. Metaphysik war nicht ihre Sache. Sie waren von einfachen Relationen überzeugt. Sie beteten und arbeiteten in dem festen Glauben, dass ihre Worte und Taten unmittelbar wirksam waren. Und das hat keineswegs etwas mit Naivität zu tun, das entsprach dem Verständnis der Zeit, das heißt all derer, die einen Gedanken darauf wendeten. Das Beten der Mönche heilte nicht nur die eigene Seele, sie beteten für die Heilung der Welt. Das war ihre primäre soziale Leistung. Darum wurden sie unterstützt, und wer schwach war, suchte ihre Nähe.

Gottesdienst, nicht Mildtätigkeit war ihre erste Aufgabe. Die Dienste an den Armen und Kranken wurden als gute Taten zur Errettung der armen Seelen verstanden. Das war mit keiner wie auch immer gearteten Vorstellung vom Fegefeuer verbunden, das erst im 13. Jahrhundert Bestandteil des Glaubens wurde. Die Regeln Benedikts bezogen sich ursprünglich nur auf die Ordensgemeinschaft. Die Mönche sollten sich um die kranken und schwachen Brüder kümmern. Mildtätigkeit war ein universales Heilmittel, das in der Gegenwart und im Jenseits helfen sollte. Je mehr gute Taten verrichtet wurden, desto mehr wurde den Seelen der Verstorbenen geholfen. Doch welche großartigen menschlichen Werke sind der einfachen, damals eben nicht selbstverständlichen, brüderlichen Krankenpflege entwachsen. Kräuterkundige Mönche entwickelten Heiltränke, die in der schlichten klösterlichen Krankenstation dem Mitbruder gereicht wurden. Hier wurde Hilfe geboten. Und bald mussten kranke Pilger, erkrankte Gäste und immer mehr Menschen von außerhalb gepflegt werden. Aus dem *hospitium*, dem Gästehaus des Klosters (lat. *hospes*, der Fremde, der Gastfreund) ist das Spital geworden.

Nun studierten die Mönche das antike Heilwissen eifriger. Die geretteten Schriften der bedeutendsten Ärzte der griechischen Antike wurden vervielfältigt, und sie bildeten nicht nur das Fundament der medizinischen Entwicklung, ihre Lehren fanden vielmehr Anwendung und Forschungsinteresse bis in die Neuzeit: die Bücher des Hippokrates (um 460–377 v. Chr.); die Arzneimittellehre des Pedanios Dioskurides aus dem 1. Jahrhundert, im 6. Jahrhundert ins Lateinische übersetzt; die Vier-Säfte-Lehre, Humoralpathologie (lat. *humor*, Saft; *pathologia*, Lehre von den Krankheiten) des Galenos von Pergamon (etwa 129–200) sind einige der wichtigsten Grundlagenwerke. Ein bedeutendes Zeugnis der sich entwickelnden Wissenschaft ist das »Lorscher Arzneibuch«, das um 795 im Kloster Lorsch bei Worms geschrieben wurde. Das medizinisch-pharmazeutische Werk wird eingeleitet mit einer auf Aussagen der Bibel fußenden Erklärung, warum die Heilkunst kein Eingriff in den göttlichen Heilsplan ist. Der monastische Autor legt dar, dass nicht nur ein Recht, sondern auch eine Pflicht besteht, dem Kranken mit dem durch den Heiligen Geist gegebenen Wissen und den von Gott geschaffenen Mitteln zu helfen. Hier ist nachzuvollziehen, wie das tradierte Weltbild erste Risse bekommt und die Wissenschaftlichkeit zarte Wurzeln ausbildet. In dieser Entwicklung steht Hrabanus Maurus († 856), der Abt von Fulda und spätere Erzbischof von Mainz, der neben seinen theologischen Schriften in seinem zweiundzwanzig Bücher umfassenden Werk *De rerum naturis* (Von der Natur der Dinge) fordert, dass der Geist des Menschen zum geheimnisvollen Kern der Dinge vordringen müsse.

Einrichtung einer alten Apotheke.

Ich bin in Luft und Tau und in aller grünenden Frische ein überaus liebliches Heilkraut. Übervoll ist mein Herz, jedwedem Hilfe zu schenken.
HILDEGARD VON BINGEN

Gott lässt den Menschen nicht allein. Überall ist seine Güte zu entdecken. Das bezeugt Hildegard von Bingen in allen ihren Schriften. In ihrem Werk *Physica*, der Naturkunde, beschreibt sie in fünfhundertdreizehn Einzeldarstellungen Flora und Fauna und die Nutzbarkeit für den Menschen. Zahlreiche Heilmittel aus dem Wissen der Klostermedizin und den Erfahrungen der Volksmedizin, die in der »Naturkunde« dargestellt sind, werden in ihrem Werk *Causae et Curae*, der Heilkunde, rezeptartig zur Behebung und Linderung der Krankheiten beschrieben.

Mit diesen Quellen der abendländischen Medizin und Pharmazie beschäftigt sich heute die »Forschergruppe Klostermedizin« an der Universität Würzburg. Die Wissenschaftler untersuchen die Bedeutung der Heilpflanzen im frühen Kontext, erforschen vergessene Indikationsgebiete und geben auch der modernen Suche nach therapeutisch wirksamen Inhaltsstoffen neue Anregung. Zugleich werden Forschungen zur Missions- und Ethnomedizin einbezogen. Diese neuen wissenschaftlichen Bemühungen verdeutlichen die Bedeutung der Klostermedizin als zentrales Bindeglied zwischen dem antiken und dem modernen pharmakologischen Wissen.

Die Erfahrungen der Kreuzzüge brachten einige Veränderungen für Medizin und Krankenpflege mit sich. Zum einen kam es in der Begegnung mit der arabischen Welt zu einem nachhaltigen Wissenstransfer – auch über die arabische Blütezeit Andalusiens (etwa 900–1100) – zum anderen brachte das Ausmaß der Gräuel und der nötigen Verwundetenhilfe die Ritterorden und die Hospitalorden (Hospitaler) hervor. Jetzt ging es nicht mehr um gute Taten zur Errettung der armen Seelen Verstorbener, jetzt wurde barmherzige Hilfe am Nächsten geleistet. Der innerklösterliche Weg zum Heil erhielt eine zweite Spur: die aktiv geübte Nächstenliebe draußen in der Welt. Die Mitglieder der Ritterorden gelobten nach monastischem Vorbild Armut, Keuschheit und Gehorsam. Und, indem sie nach der Aufgabe des Ritters den Bedrängten Schutz gewährten, verbanden sie das asketische mit dem ritterlichen Ideal. Aus der Bruderschaft des zur Benediktinerabtei gehörenden Johannes-Spitals in Jerusalem gingen die Johanniter hervor, die 1113 von Rom anerkannt wurden. Sie waren der Krankenpflege und dem Waffendienst verpflichtet. 1190 fand sich eine Bruderschaft zur Krankenpflege zusammen, die sich zum Ritterorden entwickelte und ab 1198 Deutscher Orden genannt wurde. Spitaldienste übernahmen nicht nur die ritterlichen Verbindungen. Aus den Gemeinschaften hilfsbereiter Männer und Frauen der wichtigsten Spitalstiftungen entstanden neue Bruderschaften und Ordensgruppen. Von Bedeutung sind die aus einer Laienbruderschaft um 1095 entstandenen Antoniter, die 1776 mit den Maltesern vereinigt wurden. Andere Hospitalorden sind der um 1200 gegründete Heilig-Geist-Orden und der 1540 gegründete Orden der Barmherzigen Brüder. 1617 gründete Vincent von Paul die Confrérie des Dames de la Charité, aus denen ab 1633 die Filles de la Charité entstanden, die wir als Vinzentinerinnen kennen.

Die Klosterreformen in Westeuropa im 11., 12. und 13. Jahrhundert brachten neue Ordensgemeinschaften hervor, die sich den Erfordernissen der Zeit entsprechend sehr viel stärker der Welt zuwandten. 1120 gründete Norbert von Xanten die Gemeinschaft der Prämonstratenser, die 1177

zum Orden wurde und sich in ganz Europa der Seelsorge und in Osteuropa auch der Missionierung und Entwicklung widmeten.

Das deutlichste Zeichen für den Wandel der Zeit setzte der charismatische Franz von Assisi (1182–1226). Die Klöster, die zu Auffangeinrichtungen für adelige Fräulein und Jünglinge geworden waren, waren seine Sache nicht. Die Nachfolge Christi ist nach seiner Überzeugung nur in radikaler Armut möglich. Nichts Weltliches soll die Seele belasten. Geld darf nicht angenommen werden. Damit ging er zurück zum monastischen Ideal. Die größte Wende vollzog sich jedoch im philosophisch-theologischen Handlungsauftrag: die Brüderlichkeit, wie Franziskus sie verstand, galt nicht nur den Mitbrüdern und den Freunden dieser Welt, nicht den Nutznießern aller Art, sondern auch den Feinden, allen Menschen, besonders aber den Armen und Schwachen. Religiöses Ideal und soziale Verantwortung verbinden sich zur sozialen Gemeinschaft. Minderbrüder, Minoriten, nennen sich die Franziskaner. Mit Clara von Assisi folgten seinem Vorbild 1227 auch die Clarissen als weiblicher Zweig der Bettelorden, zweiter Orden genannt. Seine Ideale machten sich auch Laien zu eigen, die als Tertianer, dritter Orden, bezeichnet werden.

Die Mitglieder des Dritten Ordens, hier sind vor allem ab dem 14. Jahrhundert die Beginen zu nennen, lebten in täglichem Einsatz direkt und unmittelbar mit den Kranken, Sterbenden, Waisen, Ausgestoßenen, Vertriebenen, Flüchtlingen und Gefangenen.

Aus den ersten Anfängen der klösterlichen Hospitäler, in denen sich die Mönche von frühestem Beginn an der Alters- und Krankenfürsorge gewidmet hatten, wurden mit der Entwicklung der Städte die bürgerlichen Spitäler. Im Hospital vereinigten sich die Erfahrungen der Klostermedizin mit dem in der Kreuzzugszeit gewonne-

nen medizinischen Wissen und mit der durch die neuen Orden vorgelebten gesellschaftlichen Errungenschaft der Barmherzigkeit zu einem neuen sozialen Komplex.

Die städtische Krankenfürsorge wurde weiterhin als ein Werk der Nächstenliebe gesehen und somit der Obhut der Orden überlassen. Aber immer mehr Bürger und Stadtverwaltungen ermöglichten durch Spenden und fiskalische Unterstützung den kostenlosen Aufenthalt im Spital. Die Mitglieder der Bettel- und Hospitalorden stellten ihre kostenlose Arbeitskraft und ihr Wissen zur Verfügung.

Das Heilig-Geist-Spital von Lübeck aus dem Jahre 1280 kann heute noch angeschaut werden. Unter einem gotischen Kirchengewölbe reihen sich kleine, etwas mehr als bettenbreite Häuschen. So betrachtet, ist das Hospital wie ein Gotteshaus für Kranke anzusehen. Die Rituale der Krankenaufnahme verstärken diese Interpretation. Dem Patienten wurde zuerst die Beichte abgenommen und anschließend die Absolution erteilt. Nachdem die Seele gereinigt war, wurde der Leib gewaschen, in saubere Wäsche gehüllt und der Kranke in ein sauberes Bett gelegt. Eine Verordnung aus Hannover bestimmte im Jahre 1302 für das dortige Heilig-Geist-Hospital »dass fortan keiner aufgenommen werde, der nicht so schwach und gebrechlich ist, dass er nicht mehr gehen und stehen kann. Wenn er aber wieder bei Kräften sein wird, so dass er gehen und stehen kann, dann soll er entlassen werden, damit für andere Schwache und Gebrechliche besser gesorgt werden kann«. Damit werden einerseits Simulanten möglichst ausgeschlossen – das riesige Heer der Bettler hatte bereits eine eigene Standesorganisation – andererseits war es in Notzeiten unumgänglich, dass sich zwei, manchmal drei Patienten ein Bett teilen mussten.

Reiche Stifter ermöglichten den Bau größerer Häuser, ja ganzer Hospitalkomplexe. Donationen solcher Größenordnung entsprangen seltener der notwendigen karitativen Sorge als vielmehr dem Verlangen nach Unsterblichkeit – im doppelten Sinne: durch Belohnung beim Jüngsten Gericht und im Gedenken der Nachwelt. Das »Hôtel-Dieu« in Beaune bei Dijon in Burgund ist der noch zu besichtigende Teil eines solchen Prachtbaus aus dem 15. Jahrhundert, mit dem sich Nicolas Rolin (1380–1461) ein Denkmal setzte. Man sollte nicht meinen, dass dieses architektonisch üppige Gebäude ein Siechenhaus für Arme gewesen ist. Wie viele Hospitäler des Mittelalters waren diese Anlagen der sozialen Fürsorge nicht nur Krankenhäuser, sondern zugleich Altenpflegeheime für die Stifter, Waisenhäuser und Hotels für Gäste.

Neben solcher Selbstherrlichkeit spielt sich das wahre Elend vor den Stadtmauern ab. Auch den Menschen, deren Leiden mit damaligen Mitteln nicht gelindert werden konnte, musste geholfen werden. Für die Leprakranken wurden Aussätzigenspitäler eingerichtet, die auch als Sondersiechenhäuser bezeichnet wurden. Da Heilung durch die Mittel der Pfleger und Ärzte ohnehin nur mit der Hilfe Gottes möglich war und die unheilbar Kranken auf die besondere Hilfe Gottes angewiesen waren, wurden diese Siechenhäuser, auch wenn es heute euphemistisch klingt, häufig als Gutleutehäuser bezeichnet. Diejenigen, die langes Leiden ertragen mussten, waren in direkter Beziehung mit Gott: gute Leute. In Leprahäusern und während katastrophale Pestwellen seit der Mitte des 14. Jahrhunderts über Europa hinwegrollten, haben Mönche und Nonnen durch ihr gelebtes Vorbild der Welt die Werke der Barmherzigkeit gelehrt. Und es ist kein Zufall, dass in anderen Ländern mit anderen Religionen und Kulturen europäische Mönche die ersten waren, die sich um Lepra- und Seuchenkranke kümmerten. Die Mönche und Nonnen der Hospitalorden verstanden sich niemals

als Sozialarbeiter, sie wollten es auch nie sein. Ihnen ging es um die gelebte Nachfolge Christi. »Ich sehe Christus in jedem Menschen, den ich anrühre, denn er hat gesagt: ›Ich war hungrig, ich war durstig, ich war nackt, ich habe gelitten, ich war heimatlos, du hast mich aufgenommen‹ – so einfach ist das. Weil ich ihm angehöre, ist die Arbeit für mich ein Mittel, meine Liebe zu ihm in die Tat umzusetzen. So ist sie kein Ziel, sondern ein Mittel.«

Das sagte Mutter Teresa (1910–1997), die Gründerin des Ordens Missionarinnen der Nächstenliebe. Sie ist als eine »Revolutionärin der Barmherzigkeit« berühmt geworden. Ihre Mitschwestern wirken heute nicht nur in den Slums von Kalkutta, wo Mutter Teresa sich den Ärmsten der Armen zuwendete, ihren Kindern und ihren Sterbenden, sondern auch in über einhundert Lepra-Zentren und kleinen Niederlassungen des Ordens überall in Asien, Afrika und im Mittleren Osten.

Alle modernen Hilfsorganisationen haben in den Vorbildern der monastischen Samariter ihren Ursprung. Wie sähe die Welt heute aus, wenn sie es der Welt nicht vorgelebt hätten?
Früher hatten die Menschen ihre Hoffnung in Gott, es fehlte ihnen die Hilfe der modernen Medizin. Heute verfügen wir über technische medizinische Hilfeleistung bis zum letzten Atemzug und darüber hinaus, aber es fehlt uns jede Hoffnung. So wie wir zu leben verlernt haben, haben wir es verlernt zu sterben. Wir sind Sklaven des Konsumismus geworden, Abhängige am Tropf der Wirtschaft und der Unterhaltung, süchtig nach mehr »Brot« und mehr »Spielen«. Wir haben Angst, das alles loszulassen, Angst vor dem Sterben, weil wir keine Hoffnung kennen. Geht es uns also besser? Haben wir Grund, verächtlich über die kuttentragenden Frauen und Männer zu reden, die mit nur geringen

Krankensaal im Hôtel-Dieu in Beaune, Burgund, Frankreich.

medizinischen Mitteln aber mit Einsatz ihres Lebens, mit ihrem Tun und mit ihren Überzeugungen anderen Trost, Hoffnung und Hilfe brachten? Und wer glaubt, solche Orden seien damals, im Mittelalter, vielleicht irgendwie nützlich gewesen, weil es sonst niemanden gab, der die Arbeit gemacht hat, heute brauche man die aber nicht mehr, der weite seinen Blick für die Wirklichkeit in unserer Gesellschaft und in der Welt. Nach den Umbrüchen der Zeit nahmen irische Nonnen die Tradition der Hospize wieder auf und gründeten 1879 in Dublin das »Our Lady's Hospice for the Care of the Dying«. Seit Anfang der 1970er-Jahre entwickeln sich die neuen Hospize auch im deutschsprachigen Raum. Die Barmherzigen Schwestern (Vinzentinerinnen) ebenso wie andere Orden, speziell ausgebildete Pflegerinnen und Pfleger der Hospizbewegung, sorgen für eine menschenwürdige Begleitung auf dem letzten Weg. Hier wurden inmitten der eiligen Welt Orte der Zuwendung, der Ruhe, der liebevollen kleinen Gesten und des Gebets geschaffen, damit auch der nicht allein und verlassen sterben muss, dem häusliche Umgebung und familiäre Nähe nicht mehr gegeben sind. In den Hospizen werden die Patienten nach alter Tradition »Gäste« genannt.

Mit der sensibleren Sicht auf das menschlich Notwendige ist mit der modernen Palliativmedizin die ganzheitliche Betreuung unheilbar Kranker auf eigens eingerichteten Stationen möglich geworden. Die erste deutsche Palliativstation entstand 1982 nach englischem Vorbild an der Kölner Universitätsklinik. Die Zahl der Hospize und Palliativstationen wächst ständig. Die in der vierten Regel Benedikts geforderte Aufgabe »Sterbende begleiten, Trauernde trösten«, wie sie die Nonnen und Mönche in Jahrhunderten gelebt haben, wird in den modernen Hospizen mit neuem Leben erfüllt.

Neben Franz von Assisi symbolisiert keine andere Gestalt der Geschichte den langen Weg der christlichen Barmherzigkeit so deutlich wie die heilige Elisabeth von Thüringen (1207–1231). Nach dem Tod ihres Mannes, des Landgrafen Ludwig IV. von Thüringen, wurde die mildtätige Frau von ihrem Schwager beraubt und mitsamt ihren drei Kindern von der Wartburg verjagt. Mit der nachträglich errungenen Abfindung gründete Elisabeth in Marburg ein Spital, wo sie Arme und Kranke pflegte. 1228 legte Elisabeth das Gelübde der Armut und Weltentsagung ab und wurde Franziskanertertianerin. Drei Jahre lang bis zu ihrem frühen Tode lebte sie im Geist des Franz von Assisi die Werke der Barmherzigkeit und Nächstenliebe. Die einfachen Leute liebten und verehrten sie und haben sie nie vergessen. Der 1897 in Köln gegründete »Charitasverband für das katholische Deutschland« wählte sie zu seiner Patronin. Die Caritas ist der größte deutsche Sozialverband und trägt neben der evangelischen Diakonie und anderen Hilfswerken mit fünfundzwanzigtausend sozialen Einrichtungen und Diensten einen großen Teil der sozialen Verpflichtungen in Deutschland und der Welt. Mit knapp fünfhunderttausend festangestellten Mitarbeitern und Ehrenamtlichen in gleicher Zahl ist die Caritas der größte deutsche Arbeitgeber. Alle diese Mitbürger arbeiten im Geiste der Caritas, der angewandten Nächstenliebe für alle Menschen in Not, gleich welchen Geschlechts, Alters, Hautfarbe, Religion und Nationalität.

Heute ist das Soziale das Alibi der Nächstenliebe.
SIMONE WEIL

Vom *hospitium* in den allerersten Klöstern zum Hospital und Spital und bis zum modernen Hospiz, zu Caritas, Diakonie und allen Hilfswerken – das ist der zweitausend Jahre alte Weg

von der Barmherzigkeit zum Sozialwesen der Gegenwart. Die franziskanische Armut der Bettelorden wurde zum Gegengewicht der wirtschaftlichen und politischen Vormacht der Fürsten und der aufgestiegenen Großbürger. Die Anspruchslosigkeit der Minderbrüder in weltlichen Dingen und ihre Autorität in geistigen, geistlichen und religiösen Belangen trugen entscheidend bei zur Gestaltung einer europäischen Sozialordnung. Die moralischen Forderungen und die ethische Verantwortung des Christentums für das Zusammenleben in der Gesellschaft, sogar die inspirierenden Erfahrungen des Jesuitenstaates, formten unsere Gegenwart durch die Postulate der sozialen Marktwirtschaft, Sozialversicherung, Gesundheitsfürsorge, Kindergeld und alle unsere Erwartungen an die Fürsorge der staatlichen Gemeinschaft. Zunehmend erkennen wir, dass Staat und Steuer nicht ausreichen, den sozialen Wohlfahrtsstaat zu finanzieren. Das System fordert seinen Preis. Die diakonischen Dienste der Kirchen tragen den nicht geringsten Teil des sozialen Fürsorge. Unvorstellbar für unseren Sozialstaat und auch für die Katastrophenhilfe, wenn es sie nicht gäbe. So wird weiterhin auch denen, die vollkommen damit ausgelastet sind, sich nur um das eigene Wohlergehen zu kümmern, die ohnehin viel zu viel Steuern zahlen, – Für wen? Was habe ich davon? – denen Spenden und Kirchensteuer ein Graus sind, ihnen allen wird in der Not geholfen werden. Denn, so heißt es in einem Gedicht Josef Weinhebers: Wer ist gefeit? Niemand gefeit!

BEGINNE MIT SCHWEIGEN

Das Leben ist ein fragiles Gut. Die meisten Menschen haben das am eigenen Leib erfahren. Spätestens wenn der Mensch in eine existentielle Krise geraten ist, stellt er sich – vielleicht – die Fragen: Warum lebe ich? Was will ich hier? Welchen Sinn hat das alles?

Wo findet er Antwort?

Weiß er sich von einem inneren Gott (gr. *daimon*) gut (gr. *eu*) geleitet und führt ihn die Eudaimonie des Aristoteles zum glücklichen Leben? Muss er sich nicht auch selbst moralische Gesetze geben, wie Kant es fordert, damit er in der Synthese aus eudaimonischem Glücksstreben und sich selbst auferlegtem Wollen seine Bestimmung und Erfüllung finde?

Kaum einer der Mönche, die im frühen Mittelalter dem Angebot Augustinus', Benedikts und später Bernhards und Franz' folgten, hatten jemals etwas von Aristoteles gehört. Und die Zeit musste noch einige Jahrhunderte fortschreiten, bis Kant die Früchte seines Nachdenkens aufschreiben konnte. Und doch haben sie mit ihrem freiwilligen Eintritt in einen Orden genau diesen lebensbestimmenden Schritt getan: Ihr Glücksstreben hieß, den guten Gott im eigenen Inneren zu suchen und zu finden. Ihr moralisches Gesetz, dem sie sich nach langer Prüfung unterwarfen, war die Klosterregel.

Nun fing die harte Arbeit erst richtig an. Jeder moralische Mensch weiß, wie schwer es ist, sich selbst an die eigenen Regeln zu halten: jetzt auf diese Nascherei, das eine Glas mehr, zu verzichten; doch nicht rasch bei Rot über den freien Überweg zu gehen; den kleinen Vorteil nicht zu nehmen; sich nicht auf Kosten anderer ins rechte Licht zu rücken … tausend kleine Stolpersteine auf dem Weg. Für die Mönche waren solche Hindernisse oft auch die Erfahrungen und die Gedanken, die sie ja aus ihrem früheren Leben mitbrachten. Die Schwierigkeiten im Zusammenleben ließen sich, ganz abgesehen von den faktischen Bedingungen, nicht einfach ausblenden. Ein Konvent ist schließlich kein Versammlungsort von Heiligen. Da konnte einem der Eifer des einen, der Mundwinkel des anderen, die Gesten des nächsten ganz gehörig auf den Geist gehen. Sie konnten sich ja nicht einfach ausweichen. So wie heute kaum einer seinem Chef oder den Kollegen ausweichen und sich die Arbeitsbedingungen aussuchen kann – wenn auch nur für einige Stunden am Tag.

Gegen diese Unbill des Alltags hatten die Mönchsväter zwei wirksame Abhilfen gesetzt: Gehorsam und Demut. Beides Begriffe, die in unserer Gesellschaft missbilligt und verpönt werden, indem sie kurzerhand mit Unfreiheit gleichgesetzt werden. Über die Folgen dieser Definition mag jeder selber befinden. Gehorsam meint, nicht nach eigenem Gutdünken, nicht nach persönlichen Vorlieben, Gelüsten und Neigungen zu leben, sondern sich in selbst gewählter Entscheidung nicht dem Abt, sondern einer Idee, letztlich Gott, unterzuordnen. Eine ständige Einübung in die Selbstbeherrschung. Mit dem Gehorsam treiben die Mächtigen nur Schindluder und entmündigen den Menschen, kritisieren die selbstberufenen Nonkonformisten. Vielmehr sollte bedacht werden, welch große persönliche Freiheit aus der Demut folgen kann. Wer gelernt hat, sich selbst nicht so wichtig zu nehmen, widersteht in Freiheit dem Diktat der Erwartungen und den Forderungen der Mitmenschen, dem Zeitdruck und dem Konsumismus. Im Kloster hieß Demut auch, sich ohne Murren manchmal vom Abt bedienen zu lassen und nicht aus falsch verstandener Demut sich der Form halber zu zieren. Auch der Abt wusch den Brüdern die Füße. Wer zu eifrig war und sein Streben im Guten bemerkbar machte, wurde wegen des Fehlers der Ehrsucht zurechtgewiesen. Für Bernhard von Clairvaux führt nur die Demut zur Wahrheit. Er beschrieb, wie die Demut in dem gleichen Maße ansteigt, in dem der Stolz abnimmt. Der gestresste Wichtigtuer hier in der Welt, der mit seiner schieren Selbstüberschätzung nicht nur große Schatten auf Mitmenschen und Umgebung wirft, der entdeckt mit ein wenig Demut vielleicht die kleinen Freuden des Alltags wieder, die liebevolle Geste, das Lächeln, die Schönheit in Natur, Kunst, Dichtung und Musik. Wer sich nicht abrackern muss für seinen Prestigegewinn, der darf sich schon etwas freier fühlen. Wer sich um seiner selbst willen geliebt weiß, braucht sich um das Ansehen, das seiner Rolle zukommt, wenig zu bekümmern. Wenigstens einige Jahre vor dem Ruhestand sollte ein jeder gelernt haben, dass bald nur noch seine Person und nicht sein berufliches Prestige von Bedeutung sein werden. Wenn nur das Sein zählt und schon gar nicht die Etiketten, bedeutet es große Freiheit, nur das Sein wichtig zu nehmen. Nicht klein, nicht groß, nicht unbedeutend, nicht bedeutend zu sein, sich ganz einfach als Teil der Schöpfung zu sehen, allem Tun, allem Nichttun, allen Dingen, allen Gedanken ihren Wert zugestehn, das macht den Alltag wertvoller.

Wir sind die Ursache aller unserer Hindernisse. Hüte dich vor dir selbst, so hast du wohl gehütet.
MEISTER ECKHART

Das »Sich-Nicht-So-Wichtig-Fühlen« war für die Mönche nur der erste Schritt, um zu lernen, Gott den Vortritt in allem ihren Tun und Denken zu lassen. Die Demut ist im Leben der Mönche von zentraler Bedeutung. »Jeder, der sich erhöht, wird erniedrigt werden, und wer sich erniedrigt, wird erhöht werden« (Lk 14,11), sagt die Bibel, und Benedikt folgert daraus im siebzehnten Kapitel seiner Regel: »Wenn wir also, meine Brüder, den Gipfel der vollkommenen Demut

erreichen und rasch zu jener Erhöhung im Himmel, zu der man durch Demut in diesem Leben aufsteigt, gelangen wollen, dann müssen wir durch unsere aufwärtsstrebenden Werke jene Leiter aufrichten, die im Traume Jakob erschien (Gen 28,12).« Er beschreibt nun ausführlich die zwölf Stufen der Demut, um »rasch zu jener Gottesliebe zu gelangen, die, wenn sie vollkommen ist, die Furcht vertreibt. (…) Von jetzt an wird er nicht mehr aus Furcht vor der Hölle, sondern aus Liebe zu Christus, aus guter Angewöhnung und aus Freude an der Tugend handeln.«

Frage sich hier ein jeder selbst, wie es um seine Freiheit bestellt ist, weil er aus Furcht vor seiner eigenen Hölle handelt.

Das ist eine Frage, die manchem Menschen Angst macht. Eine Antwort zu kennen ist aber unumgänglich, besonders wenn es gilt, einen Konflikt zu lösen. Die Antwort ist in der Stille zu finden.

Von dir geht alles Sprechen aus,
aber du bist über alle Sprache.
Von dir stammt alles Denken,
aber du bist über alle Gedanken.
GREGOR VON NYSSA

Die Vorstellung von Stille ist in unserer Zeit negativ besetzt, weil der Mensch sich in der Stille mit sich selbst konfrontiert sieht. Ist es nicht erstaunlich, dass die meisten Menschen inneren Frieden als einen Zustand des Glücks ansehen, sich jedoch selber nicht aushalten können? In der Stille prüft der Mönch sich selber, sein Verhalten und seinen Weg. Er klärt seinen Geist. Er sucht nicht sich selbst, sondern Gott. »Manche versteifen sich darauf, durch Meditation oder Nachdenken voranzukommen. Dabei bauen sie zu sehr auf ihre eigenen Kräfte. Das ist ein Fehler, denn in der Nacht des Geistes leitet Gott den Menschen auf einem anderen, durchaus

verschiedenen Weg, den der Kontemplation. Der eine ist der Weg vergegenwärtigenden Nachdenkens, der andere hat nichts mit Betrachten und Überlegung zu tun. Man muss dem Inneren die entspannte Ruhe zugestehen, auch wenn wir überzeugt sind, die Zeit mit Nichtstun zu verlieren. »Das einzige, was man in diesem Zustand tun kann, ist dies: Man soll das Innere frei lassen von Wahrnehmungen und Gedanken, Meditationen und Erwägungen und sich ausschließlich hingeben an ein liebevolles und friedvolles Innewerden Gottes.« Das empfahl Juan de la Cruz (Johannes vom Kreuz, 1542–1591), der neben Teresa von Avila profilierteste Karmeliter, den Mönchen.

Erst das Schweigen tut das Ohr auf für den
inneren Ton in allen Dingen.
ROMANO GUARDINI

Wer in die Stille geht, kann nicht den äußeren Lärm verlassen und den inneren Lärm mitnehmen wollen. Es nutzt nichts, denken zu wollen. Wir denken neunundneunzigmal die gleichen Gedanken, wälzen sie um und um, käuen sie gleichsam wieder, und weil uns nichts Neues einfällt, halten wir das bereits Gedachte für unumstößlich. Das aber ist kein Fortschreiten. Wer Erkenntnis sucht, näher zu Gott will, muss loslassen: die Arbeit, den Unmut, die Enttäuschung, die Freude, den Schmerz, die Erwartung, das Verlangen – alles, was sich Gehör verschaffen will, muss er loslassen – und dann sich selber. In dieser Stille taucht der neue Gedanke auf, die neue Empfindung, die noch nicht benannt ist.
Wer in die Stille seines Geistes, in die Ruhe seines Herzens gehen kann, ist bereit, Gott zuzuhören. Nichts anderes will der Mönch.
Wer sich verändern will, der gehe in die Stille. Hier fängt alles an.

So wechseln die Mönche von Arbeit zu Gebet und Kontemplation, und nach dem Schlaf wieder zu Gebet und Arbeit. »Wenn ein gutes Lebensprogramm verlangt, dass man vom tätigen zum beschaulichen Leben übergeht, dann ist es oft nützlich, wenn die Seele vom beschaulichen zum tätigen zurückkehrt«, lehrt Gregor der Große (um 540–604). Ein gutes Lebensprogramm für heute.

Hätten die Nüchternen einmal gekostet, alles verließen sie und setzten sich zu uns an den Tisch der Sehnsucht, der nie leer wird.
NOVALIS

Bernhard von Clairvaux betont die Demut auch darum so sehr, weil er den Menschen frei machen will für Gott. Der Mensch soll Gott nicht aus Dankbarkeit, weil er ihn und die Welt so wunderbar erschaffen hat, lieben und erst recht nicht aus selbstsüchtigen Interessen sich bei ihm beliebt machen wollen. Auch soll das Verlangen des Menschen nach Gott nicht daraus entspringen, als vernunftbegabtes Wesen ohnehin nach dem Höchsten zu streben und sich mit irdischen, materiellen Dingen nicht zufriedenzugeben. Dieser Mensch unterscheidet sich nicht von dem gierigen Sünder, der die materiellen Dinge zur Erlangung der Glückseligkeit um sich rafft. Der geistige Mensch ist nicht besser, der die geschaffenen Dinge missachtend nur zur unendlichen Quelle strebt. In der Herzmitte seiner Lehre an die Mönche und an die Laien steht der Mensch, der Gott um dessentwillen liebt.
Mit diesem Gedanken öffnet Bernhard im großen Reich der Spiritualität das Tor zu Mystik. Und ganz deutlich sagt er: Wer Gott um Gotteswillen liebt, dem ist es vielleicht vergönnt in einer Art augenblicklichem Gipfelerlebnis, einen Hauch von Gottes Herrlichkeit zu erfahren. Doch wird den allermeisten diese Gnade erst im Jenseits zu-

teil. Mit Bernhard von Clairvaux erhält die Liebe einen neuen Klang. Herzen und Sinne öffnen sich neuer Schönheit.
Groß ist die Verlockung, der Gnade teilhaftig zu werden, Gott schon im Diesseits schauen zu dürfen. Doch wer sich darum bemüht, wird sie nie erlangen. Es gibt keinen spirituellen Hochleistungssport. Die Mönche sind keine Athleten der Kontemplation. Gott um Gottes willen zu lieben heißt, Tag für Tag die angenommenen Verpflichtungen in Liebe, Demut und Achtsamkeit zu tun. »Meine Liebe zu ihm in die Tat umsetzen«, sagte Mutter Teresa. »Meine Arbeit ist kein Ziel, sondern ein Mittel.«

Wer durch das Tor eines Klosters tritt, nähert sich der Spiritualität, aus der die zentralen Elemente unserer Kultur und Zivilisation erwuchsen. Das hier aufgefächerte bunte Mosaik aus Episoden, Namen und Leistungen bildet nur die Oberfläche dessen ab, was wir als kulturinteressierte Bürger wahrnehmen, und das, was vielen Mitmenschen oftmals nur im Wege stand. Die Klöster waren keine Think-Tanks des frühen Europas, in denen unter Leitung weitblickender Manager eine dynamische abendländische Prosperität hervorgebracht werden sollte. Was hier beschrieben wurde, sind alles nur Auswirkungen. Das ist nicht auf seine Effizienz hin zu befragen, die Maßstäbe der Geschichtsbewertung greifen zu kurz. Von den großen Kirchenlehrern hatte keiner ein geistiges Programm, einen Masterplan, die Welt zu verändern. Benedikt, Bernhard, Franz, Teresa wollten nicht durchgreifend die Gesellschaft verbessern, wollten ihre Macht nicht ausbauen, führten keine Kriege gegeneinander, riefen keine Revolutionen aus. Das Mönchtum kann nicht anhand seiner Äußerlichkeiten beurteilt werden. Weil die Erscheinungsformen nicht das Ziel, nicht einmal ursächlicher Beweggrund

VORHERIGE SEITE
Abteikirche der Abtei St. Martin de Canigou, Pyrénées-Orientales, Frankreich, gegründet 1014.

sind. Ihre Leistungen waren und sind immer nur Mittel und nicht der Zweck.

Urgrund und Ziel des Mönchtums ist der Dialog mit Gott. Das ist der feste Punkt. Die vorbehaltlose Anerkennung eines Unbedingten. »Ich suche Gott und die Seele«, sagte Augustinus. Mehr braucht es nicht. Das ist die Überzeugung der Nonnen und Mönche. Ihre absolute Orientierung steht in deutlichem Gegensatz zu der allgemeinen Orientierungslosigkeit der Welt. Ihre normative Grundhaltung befreit von aller Unrast, Richtungslosigkeit, Unzufriedenheit und Ratlosigkeit. Ihre Kraft entsteht aus der Selbstlosigkeit. Das fasziniert viele Menschen, die es ablehnen, immer neuen Werbeversprechungen hinterherzulaufen wie der Esel hinter der Mohrrübe. Menschen, die lieber genügsam leben wollen, anstatt ihr Leben von der Wirtschaft bestimmen zu lassen. Menschen, die die Stille suchen, weil sie Antworten brauchen. Das Kloster ist eine bewusste Alternative gegen die eilige Zeit. Trotz aller Wandlungen und auch Missbildungen in ihrer langen Geschichte, ist die Ordensidee von Basilius bis Ignatius in ihrer Substanz immer stabil geblieben. Eine Kraft, die seit zweitausend Jahren wirkt. Ein ruhender Punkt, von dem aus der Suchende die eigene Welt aus den Angeln heben kann. Eine leise Botschaft an die Welt, die den Suchenden mit den Worten Teresas von Avila berührt: Gott allein genügt.

Vorhalle (Paradies), Benediktinerabtei Maria Laach, gegründet um 1093, Rheinland-Pfalz.

BIBLIOGRAFISCHE INFORMATION DER DEUTSCHEN
NATIONALBIBLIOTHEK
DIE DEUTSCHE NATIONALBIBLIOTHEK VERZEICHNET DIESE PUBLIKATION IN
DER DEUTSCHEN NATIONALBIBLIOGRAFIE; DETAILLIERTE BIBLIOGRAFISCHE
DATEN SIND IM INTERNET ÜBER
HTTP://DNB.D-NB.DE ABRUFBAR.

ALLE RECHTE VORBEHALTEN – PRINTED IN GERMANY
© 2007 BY JAN THORBECKE VERLAG DER SCHWABENVERLAG AG,
OSTFILDERN
WWW.THORBECKE.DE · INFO@THORBECKE.DE

DIESES BUCH IST AUS ALTERUNGSBESTÄNDIGEM PAPIER HERGESTELLT.

KONZEPTION UND REALISATION:
CARPE DIEM CONCEPT GMBH, FREIBURG I. BR. 2007
PRODUKTION: ART UND WEISE, FREIBURG I. BR.
LAYOUT NACH EINEM ENTWURF
VON FINKEN & BUMILLER, STUTTGART
DRUCK UND VERARBEITUNG: KONKORDIA GMBH, BÜHL
GESAMTHERSTELLUNG: JAN THORBECKE VERLAG, OSTFILDERN
ISBN: 978-3-7995-0193-4

Bildnachweis

(11) Die Mönchsregel des Heiligen Benedikt. Codex 236 Einsidl. (9. Jh.).
Mit freundlicher Genehmigung des Paulus-Verlags, CH-Fribourg.

(29) Die Gründung des Klosters der Fratres Minores in Valenciennes,
Frankreich, 2. Hälfte des 15. Jh. (© Erich Lessing/AKG-Images).

(31) Buchmalerei Initiale Q aus dem Kloster Cîteaux um 1111. Bibliothèque
Municipale. (© AKG-Images).

(37) Initiale B von einem Psalter. Herzog Tassilo von Bayern zeigt das Modell
der ersten romanischen Klosterkirche, 1464. (© Erich Lessing/AKG-Images).

(42) Mönche beim Baumfällen. Buchmalerei Initiale I aus dem Kloster
Cîteaux, um 1111. Bibliothèque Municipale. (© AKG-Images).

(57) Kloster Andechs. Kupferstich, aus: Daniel Meisner, Thesaurus Philopoli-
ticus oder politisches Schatzkästlein, 2. Buch, 7. Teil, Frankfurt am Main
(E. Kieser) 1631. (© AKG-Images).

(62) Singende Mönche. Buchmalerei Anfang des 14. Jh. aus der »Bible
historiale« von Guiart Desmoulins, 1305. Bodleian Library, Oxford.
(© AKG-Images).

(73) Barock-Bibliothek des Benediktinerstifts Kremsmünster, Oberösterreich
(© Erich Lessing/AKG-Images).

(79) Richard von Wallingford, Englischer Astronom, Mathematiker und
Mechaniker in seinem Studierzimmer. British Library, London. (© AKG-Images).

(87) Singende Mönche. Buchmalerei aus dem 13. Jh. Initiale C »Cantate
Domino«. Aus einem Psalterium Assisi, Biblioteca Fondo Antico. (© Stefan
Diller/AKG-Images).

(88) Textseite der Carmina Burana, Benediktbeuren um 1250. Bayerische
Staatsbibliothek, München. (© AKG-Images).

(97) Hospiz im Hôtel-Dieu in Beaune, Burgund, Frankreich. (Foto:
© Werner Dieterich/f1online.)

Alle übrigen Abbildungen: © CDC-Bildarchiv, Freiburg im Breisgau.

Trotz intensiver Bemühungen war es leider nicht in allen Fällen möglich,
den jeweiligen Rechtsinhaber ausfindig zu machen. Für Hinweise sind
wir dankbar. Rechtsansprüche bleiben gewahrt.

Die Begriffe Mönch und Mönchtum umfassen in diesem Buch die Mitglieder
(klösterlicher) Ordensgemeinschaften, Mönche und Nonnen, ohne zwischen
Regular-Kanonikern, rein monastischen Orden, Bettelorden, Regular-Klerikern
und Ritterorden und allen ihren verschiedenen Gemeinschaften bewertend zu
differenzieren. Das orthodoxe Mönchtum ist nicht einbezogen.

Quellen- und Literaturhinweise

Philippe Aries/Georges Duby, Geschichte des privaten Lebens; 2. Band: Vom Feudalzeitalter zur Renaissance. S. Fischer Verlag, Frankfurt am Main, 1990

Hans Urs von Balthasar, Die großen Ordensregeln. Johannes Verlag, Einsiedeln, 1974

Benedikt von Nursia, Weisheit des Maßes. Von Gertrude und Thomas Sartory. Verlag Herder, Freiburg im Breisgau, 1981

Bernhard von Clairvaux, Weil mein Herz bewegt war. Übersetzt und eingeleitet von Elisabeth Hense. Verlag Herder, Freiburg im Breisgau, 1990

Hartmut Boockmann, Die Stadt im später Mittelalter. Verlag C. H. Beck, München, 1986

Arno Borst, Barbaren, Ketzer und Artisten. Welten des Mittelalters. Piper Verlag, München, 1988

Arno Borst, Lebensformen im Mittelalter. Verlag Ullstein, Frankfurt am Main, Berlin, 1973

Arno Borst, Mönche am Bodensee. 610–1525. Jan Thorbecke Verlag, Sigmaringen, 1978

Otto Borst, Alltagsleben im Mittelalter. Insel Verlag, Frankfurt am Main, 1983

Anthony Bourdain, Ein Küchenchef reist um die Welt. Auf der Jagd nach dem vollkommenen Genuss. Karl Blessing Verlag in der Verlagsgruppe Random House, München, 2002

Johannes Bühler, Klosterleben im deutschen Mittelalter. Nach zeitgenössischen Quellen. Insel Verlag, Leipzig, 1923

Neithard Eulst/Karl-Heinz Spieß, (Hg.), Sozialgeschichte mittelalterlicher Hospitäler. Vorträge und Forschungen LXV. Herausgegeben vom Konstanzer Arbeitskreis für mittelalterliche Geschichte. Jan Thorbecke Verlag, Ostfildern, 2007

Johannes Cassian, Gott suchen – sich selbst erkennen. Einweisung in das christliche Leben. Teil 1 und Teil 2. Ausgewählt, übertragen und eingeleitet von Gertrude und Thomas Sartory. Verlag Herder, Freiburg im Breisgau, 1986

Peter Dinzelbacher/James Lester Hoog, (Hg.), Kulturgeschichte der christlichen Orden in Einzeldarstellungen. Alfred Kröner Verlag, Stuttgart, 1997

Isnard W. Frank OP, Lexikon des Mönchtums und der Orden. Philipp Reclam jun., Stuttgart, 2005

Franz von Assisi, Die Demut Gottes. Meditationen, Lieder und Gebete. Ausgewählt, übersetzt, kommentiert und eingeleitet von Anton Rotzetter und Elisabeth Hug. Benziger Verlag, Zürich, Düsseldorf, 1999

Franz von Sales, Feuer und Tau. Ausgewählt, übersetzt und eingeleitet von Ingeborg Klimmer. Verlag Herder, Freiburg im Breisgau, 1986

Franz von Sales, Im Seelengrund ruht aller Streit. Betrachtungen über die Gottesliebe. Mit einer Einleitung von Walter Nigg, herausgegeben von Manfred Baumotte. Benziger Verlag, Zürich, Düsseldorf, 2001

Reginald Grégoire/Léo Moulin/Raymond Oursel, Die Kultur der Klöster. Belser Verlag, Stuttgart-Zürich, 1995

Stephanie Hauschild, Mönche, Maler, Miniaturen. Die Welt der mittelalterlichen Bücher. Jan Thorbecke Verlag, Stuttgart, 2005

Peter Hawel, Das Mönchtum im Abendland. Verlag Herder, Freiburg im Breisgau, 1993

Bernd Herrmann (Hg.), Mensch und Umwelt im Mittelalter. Deutsche Verlags-Anstalt, Stuttgart, 1986

Hildegard von Bingen, Causae et curae. Heilwissen. Von den Ursachen und der Behandlung von Krankheiten nach Hildegard von Bingen. Übersetzt und herausgegeben von Manfred Pawlik. Pattloch Verlag, Augsburg, 1989

Hildegard von Bingen, Worte lebendigen Lichts. Herausgegeben und eingeleitet von Otto Betz. Verlag Herder, Freiburg im Breisgau, 1996

Hanns Dieter Hüsch, Das Buch. Zusammengestellt von Reinhard Hippen. Rogner und Bernhard, Hamburg, 1993

Kühnel, Harry (Hg.), Die Welt im Spätmittelalter. Verlag Styria, Graz, Wien, Köln, 1986

Jean Leclercq, Wissenschaft und Gottverlangen. Zur Mönchstheologie des Mittelalters. Patmos Verlag, Düsseldorf, 1963

Jacques Le Goff (Hg.), Der Mensch des Mittelalters. Campus Verlag, Frankfurt am Main, 1996

Johannes Gottfried Mayer/Bernhard Uehleke/Kilian Saum OSB, Handbuch der Klosterheilkunde. Neues Wissen über die Wirkung der Heilpflanzen. Vorbeugen, behandeln und heilen. Verlag Zabert Sandmann, 11. Auflage 2007

Meister Eckhart, Deutsche Predigten und Traktate. Herausgegeben und übersetzt von Josef Quint, Carl Hanser Verlag, München, Wien, 1963

Meister Eckhart, Die Gottesgeburt im Seelengrund. Vom Adel der menschlichen Seele. Herausgegeben und eingeleitet von Gerhard Wehr. Verlag Herder, Freiburg im Breisgau, 1990

Meister Eckhart, Ewigkeit inmitten der Zeit. Gedanken eines Mystikers. Ausgewählt, eingeleitet und herausgegeben von Karin Johne. Patmos Verlag, Düsseldorf, 2003

Mutter Teresa, Zeiten der Barmherzigkeit. Herausgegeben und eingeleitet von Leonie Höhren. Verlag Herder, Freiburg im Breisgau, 1995

Walter Nigg, Vom Geheimnis der Mönche. Artemis-Verlag, Zürich, 1953

Wolfgang Schievelbusch, Das Paradies, der Geschmack und die Vernunft. Eine Geschichte der Genussmittel. Carl Hanser Verlag, München, Wien, 1980

Georg Schwaiger/Manfred Heim, Orden und Klöster. Das christliche Mönchtum in der Geschichte. Verlag C. H. Beck, München, 2002

Georg Schwaiger (Hg.), Mönchtum, Orden, Klöster. Vor den Anfängen bis zur Gegenwart. Ein Lexikon. Verlag C. H. Beck'sche Verlagsbuchhandlung (Oscar Beck), München, 1993

Hans-Dieter Stoffler, Kräuter aus dem Klostergarten. Wissen und Weisheit mittelalterlicher Mönche. Jan Thorbecke Verlag, Stuttgart, 2002

Reay Tannahill, Kulturgeschichte des Essens. Von der letzten Eiszeit bis heute. Paul Neff Verlag, Wien/Deutscher Taschenbuch Verlag, München, 1979

Teresa von Avila, Ich bin ein Weib – und oberdrein kein gutes. Ein Portrait der Heiligen in ihren Texten. Ausgewählt, übersetzt und eingeleitet von Erika Lorenz. Verlag Herder, Freiburg im Breisgau, 1982

Thomas von Kempen, Das Buch von der Nachfolge Christi. Die Übersetzung J. M. Sailers bearbeitet von Walter Kröber. Philipp Reclam jun., Stuttgart, 1964

Tiziano Terzani, Das Ende ist mein Anfang. Ein Vater, ein Sohn und die große Reise des Lebens. Deutsche Verlags-Anstalt in der Verlagsgruppe Random House, München, 2007

Wilhelm Volkert, Kleines Lexikon des Mittelalters. Von Adel bis Zunft. Verlag C. H. Beck, München, 1991; 4. Auflage 2004